MARGUERITE YOURCENAR
A LA SURFACE DU TEMPS

Collection Monographique Rodopi
en
Littérature Française Contemporaine
sous la direction de Michaël Bishop

XXI

MARGUERITE YOURCENAR

AMSTERDAM - ATLANTA, GA 1994

MARGUERITE YOURCENAR
A LA SURFACE DU TEMPS

Colette Gaudin

ISBN: 90-5183-614-7 (CIP)
©Editions Rodopi B.V., Amsterdam - Atlanta, GA 1994
Printed in The Netherlands

Préface du directeur de la Collection

La Collection Monographique Rodopi en Littérature Française Contemporaine vise à offrir une série d'études critiques, concises et cependant à la fois élégantes et fondamentales, consacrée aux écrivain/e/s français/es d'aujourd'hui dont l'oeuvre témoigne d'une richesse imaginaire et d'une vérité profonde. La plupart des études, choisissant d'habitude d'embrasser la pleine gamme d'une oeuvre donnée, s'orienteront vers des auteur/e/s dont l'écriture semble exiger tout de suite le geste analytique et synthétique que, je l'espère du moins, la Collection accomplira.

L'oeuvre de Marguerite Yourcenar, d'*Alexis, Pindare* et *Feux* jusqu'à *L'Oeuvre au noir, Mishima ou la vision du vide* et *Quoi? L'Éternité,* ne cesse de déployer l'énergie lentement raisonnée, la lucidité pourtant vertigineuse, d'une multiple fascination centrée sur la profondeur symbolique des mythes, les tensions d'une connaissance historique hésitant entre relativité et absolu, les antithèses vécues d'un matérialisme strictement intellectuel et d'un mysticisme intuitif, d'une présence inaliénable et d'un sentiment de l'archaïque qu'elle cherche toujours à synthétiser. Vigoureusement indépendante, parfois hautaine et selon les apparences détachée des grands mouvements de son temps, l'oeuvre de Yourcenar garde cependant des affinités secrètes, à la fois "classiques" et contemporaines, et nous invite surtout à repenser l'entrecroisement d'une subjectivité des plus discrètes et d'une altérité protéiforme qui reste au coeur de sa poétique. L'étude de Colette Gaudin relève avec perspicacité, avec sensibilité et avec une éloquence exemplaire les nombreux défis que nous lance une oeuvre souvent toujours mal comprise et pourtant infiniment digne de l'accueil que l'on persiste à lui réserver.

Michael Bishop
Halifax, Nouvelle-Ecosse
Canada
octobre 1993

Remerciements

Je suis reconnaissante à la Fondation Camargo (Cassis) qui m'a permis de commencer mes recherches sur l'œuvre de Yourcenar en 1983. Je tiens à remercier mon université, Dartmouth College, pour les congés de recherche dont j'ai bénéficié, en particulier en 1987, et la Bibliothèque Houghton de Harvard University qui m'a généreusement ouvert les Archives Yourcenar fondées à Harvard après la mort de l'auteur. Ma gratitude va aux collègues qui m'ont relue et encouragée, particulièrement à Viviane Kogan, Esther Rashkin, Michèle Sarde et Jacqueline Sices, et à Christian Signorini pour son aide lors de la préparation du manuscrit.

Certains aspects de ce travail recoupent des articles et communications que j'ai donnés précédemment sous une forme très différente : «Marguerite Yourcenar's Prefaces, Genesis as self-effacement», *Studies in Twentieth Century Literature*, 10.1, 1985, article révisé pour ma contribution au colloque de Tours 1985 et au volume *L'écriture de la mémoire*. Ma communication au colloque d'Anvers 1990 portait sur "L'Archive yourcenarienne entre relique et ruine."

Introduction

Tous les temps, y compris celui où nous sommes,
flottent également à la surface du temps.
«Humanisme et hermétisme chez Thomas
Mann».

Tout nous échappe, et tous, et nous-mêmes.
Carnets de notes de *Mémoires d'Hadrien*.

«Le temps n'est plus où l'on pouvait goûter Hamlet sans se soucier
beaucoup de Shakespeare», écrit Marguerite Yourcenar dans son étude sur
le romancier japonais Mishima, faisant suivre cette remarque d'un paragraphe qui est l'équivalent d'un long soupir de regret (*EM*, 198). Car elle
se méfiera toujours de la tendance qu'ont les lecteurs à chercher l'auteur
derrière le livre et à tenter d'expliquer l'écrit par la vie. Pour elle, l'écrit
est souverain et impose comme première obligation celle d'une lecture
scrupuleuse. Elle pressent cependant la complexité des débats critiques autour de la notion d'autonomie du texte lorsqu'elle reconnaît que l'*œuvre*
dépasse les strictes limites textuelles. Yukio Mishima est pour elle le cas
limite qui impose de traiter le suicide de l'auteur comme un geste si
prémédité qu'il devient une de ses œuvres, sinon son chef-d'œuvre. En dehors de tels extrêmes, Yourcenar rappelle que tout écrit vit dans le temps,
tout comme l'écrivain, en relation dialogique avec son public et avec son
milieu culturel.[1] Quant à elle, elle ne cesse d'illustrer l'inextricable échange
entre l'œuvre et la vie, entre le texte et ce qui peut paraître un hors-texte,
en tissant de mille manières son autobiographie morcelée et indirecte dans
les interstices de ses écrits les plus impersonnels. C'est un des thèmes que je
suivrai, en parallèle avec celui de l'écriture dans le temps.

Avant son élection à l'Académie Française, Marguerite Yourcenar était
un nom respecté dans la littérature contemporaine, mais comme on ne savait
rien d'elle, elle n'avait pas accédé au statut d'*auteur*, c'est-à-dire de person-
nage-fonction du monde des lettres. En 1980, elle s'est trouvée projetée un
peu malgré elle sur le devant de la scène littéraire. Alors qu'elle publiait
depuis 1921, et chez les meilleurs éditeurs, la célébrité qui lui est venue

---

1. Le vocabulaire critique de Yourcenar peut sembler parfois démodé, ses perspectives
n'en sont pas moins souvent en résonance avec les analyses contemporaines du rapport de
la littérature à son contexte historique.

soixante ans plus tard a pris la soudaineté et l'éclat médiatique réservés d'ordinaire aux vedettes du spectacle. Elle est devenue pour quelque temps l'une des femmes écrivains les plus filmées et les plus photographiées. De cette «romancière» plutôt secrète, soucieuse de rester à distance des milieux littéraires parisiens, le grand public a découvert le nom réel, Cleenewerk de Crayencour, et reconnu le deuxième patronyme dans l'anagramme Yourcenar. Tout le monde a pu voir la cérémonie du Quai Conti, la petite maison du Maine, la grande dame de lettres marchant dans les forêts du Nouveau Monde en discourant du respect que l'on doit aux animaux.

Dans sa réponse au discours de remerciement traditionnel prononcé par Yourcenar, Jean d'Ormesson, qui s'était fait son champion auprès d'une Académie loin d'être unanime, a révélé par certaines formules à la fois précieuses et embarrassées la difficulté de caractériser cette «première venue», avec tout ce qu'impliquait le féminin de l'expression. «Marguerite Yourcenar reste une espèce de mystère extrêmement célèbre, une sorte d'obscurité lumineuse. . . . Vous êtes, Madame, un mythe et un enjeu autour desquels, depuis des mois, beaucoup se sont battus qui vous avaient à peine lue» (*Disc.* 62). A bien lire ces phrases ainsi que l'article publié peu avant dans lequel d'Ormesson se réjouissait que Yourcenar ait enfin détruit «le mythe de la littérature féminine», on se demande ce qui constituait vraiment un «mystère». Etait-ce l'étrangeté d'un nom «aux consonances vaguement turques»[1] ou ce féminin auquel il faudrait ajuster le langage, cet «accident de [son] sexe» auquel d'Ormesson n'a fait si souvent allusion que pour mieux le proclamer effacé par la littérature ?

C'est de plus un paradoxe chargé d'ironie que la première femme écrivain à être admise dans ce bastion tricentenaire du centralisme et du traditionalisme qu'est l'Académie ait toujours été une sorte de nomade, depuis sa naissance en Belgique en 1903 jusqu'aux voyages planétaires de ses dernières années, en passant par son installation sur une île américaine minuscule et peu connue des Européens. C'est comme si on avait voulu imposer une appartenance à cette voyageuse et la ramener au bercail, à moins que faisant une lecture inverse de l'événement, on se dise que seule une part d'exotisme, sinon de marginalité, pouvait vaincre la misogynie institutionnelle de l'Académie. Yourcenar a remercié cet honneur d'un très beau discours tout en se gardant d'en endosser toutes les contraintes. Elle s'est prêtée d'assez bonne grâce à de nombreux entretiens, dont deux ont été publiés en volume, en 1972 et 1980, contribuant elle-même ainsi à façonner son personnage. Comme elle a beaucoup révisé le texte de ses réponses

---

1. «Marguerite Yourcenar ou la rigueur dans l'art», *Magazine littéraire*, 153, octobre 1979, p. 20.

avant publication, on peut les ajouter à son œuvre écrite. Tout en restant discrète sur son passé, elle a fait cependant beaucoup d'aveux dans lesquels elle désignait des zones de secrets. Elle semblait alors parler d'autant plus abondamment d'elle-même qu'elle tenait à décourager la curiosité du public en la canalisant autour de quelques images de sa vie. C'est finalement en une formule saisissante qu'elle exprime ses réticences à l'égard du genre de l'interview, dans l'avant-propos aux *Entretiens radiophoniques* de 1971. «J'ai l'impression. . . d'avoir été tantôt inculpée et tantôt témoin» (8). On est en droit alors de se demander ce qui pour elle tient du délit ou de la transgression, écrire ou parler de soi.

Jean d'Ormesson n'avait pas tort de parler d'«obscurité lumineuse» à son propos, car la familiarité avec les livres de Yourcenar a progressé à un rythme infiniment plus lent que sa célébrité personnelle. Tous les détails qui la situent dans l'espace et le temps, projetés sur le petit écran et sur les pages des magazines, ne sont guère plus qu'un autre écran autour de ce que nous appelons Yourcenar, ou, pour reprendre une expression de Maurice Blanchot, ce «tout autre qui écrit.»[1] Cette dichotomie, aussi bien que l'attitude ambivalente de l'auteur à l'égard du public, correspondent assez bien à la position de son œuvre dans la littérature française : elle est digne de faire partie du canon pour la sûreté et la beauté de la langue, pour l'élévation de la pensée, mais difficile à caractériser par rapport à ses contemporains. Les journalistes et chroniqueurs littéraires ne se sont pourtant pas fait faute de chercher la formule qui définirait le mieux cette contemporaine de Nathalie Sarraute (née en 1902), de Jean-Paul Sartre (1905-80) et de Simone de Beauvoir (1908-82), qui écrivait *comme si* elle ignorait tout du Nouveau Roman et presque tout de l'existentialisme. On l'a comparée à Vigny pour le goût de la solitude, à Rilke pour la sensibilité. On aurait pu penser à Paul Morand pour le goût des voyages, sauf qu'elle ne recherche ni le dépaysement ni l'exotisme. On admire son œuvre parce qu'elle est classique — destinée à durer autant que la langue française, comme l'a souligné dès les années trente Edmond Jaloux — pleine d'une sagesse de haute exigence, et enfin on n'hésite pas à dire, en louange ou en blâme, que c'est «une femme qui écrit comme un homme», parce qu'elle privilégie dans sa fiction les protagonistes masculins et qu'elle affirme que l'écriture transcende la différence sexuelle.

Avant de secouer les clichés attachés au nom de Yourcenar, il faut rappeler l'étendue d'une œuvre dont bien des lecteurs ne connaissent que

1. «Nous disons Proust, mais nous sentons bien que c'est le tout autre qui écrit, non pas seulement quelqu'un d'autre, mais l'exigence même d'écrire, une exigence qui se sert du nom de Proust, mais n'exprime pas Proust, qui ne l'exprime qu'en le désappropriant». *Le Livre à venir*, Gallimard, 1959, p.254.

quelques romans. Mais les catégories qui servent généralement à cette tâche posent ici des questions liminaires. On s'aperçoit très vite en particulier que l'ordre temporel n'est pas un cadre neutre dans le cas de la bibliographie de Yourcenar. S'agit-il d'en faire la chronologie que nous rencontrons des difficultés — que j'examinerai en détail dans le deuxième chapitre — dues en grande partie à la complexité des phénomènes de réécriture et à l'addition de multiples préfaces, postfaces et autres paratextes. Elle indique cependant la possibilité de voir une succession de trois périodes stylistiques dans ses œuvres de prose, le réalisme des romans historiques succédant à la manière «tendue et ornée» de *Feux,* laquelle contraste vivement avec la sobriété des premiers récits intimistes «à la française».

Un classement des œuvres par genres est plus abordable, bien que l'auteur elle-même s'ingénie à brouiller les frontières génériques. L'exception notoire à sa pratique du mélange des genres concerne la poésie, comme s'il y avait toujours pour elle deux niveaux de littérature, la poésie et le reste. Yourcenar reste absolument fidèle au vers régulier, car «les poètes sont les gardiens des disciplines héréditaires de la pensée», comme elle le note dans un article de 1929, «Diagnostic de l'Europe» (*EM*, 1654). C'est en effet en héritière des traditions antique et classique que Yourcenar s'est consacrée à la poésie dès sa quinzième année. Mais c'est aussi la partie de son œuvre qu'elle-même considère comme la moins originale. Ne reste en circulation que le recueil *Les Charités d'Alcippe* (révisé en 1984), qui contient des compositions de différentes époques. Les poèmes de jeunesse, *Le Jardin des Chimères* (1921) et *Les Dieux ne sont pas morts* (1922) ont été retirés de l'édition par l'auteur même, jugés par elle trop pleins d'emphase juvénile et imitative. Elle n'a pas non plus laissé republier son *Pindare* de 1932, «bien gauche» dira-t-elle, mais dans lequel elle s'est exercée avec beaucoup d'enthousiasme à la critique et à la biographie romancée. Heureusement cet essai nous revient dans l'édition posthume de la Pléiade, *Essais et mémoires* (1991) sous la rubrique des «Textes oubliés».

Le goût de Yourcenar pour la poésie s'étend à la lecture critique, comme en témoignent sa «Présentation critique de Constantin Cavafy,1863-1933» (1958), une étude sur *Les Tragiques* d'Agrippa d'Aubigné (1960), regroupés avec d'autres essais dans *Sous bénéfice d'inventaire* , un travail comparable sur Hortense Flexner (1969), sa traduction et présentation de poèmes grecs de l'Antiquité, *La Couronne et la lyre* (1979), ainsi que ses traductions et commentaires de «Negro Spirituals» rassemblés sous le titre *Fleuve profond, sombre rivière* (1966). Quant au livre intitulé *Feux* (1936), œuvre au genre incertain s'il en est, série de proses poétiques entrecoupées de fragments de journal, Yourcenar a décidé de l'intégrer à son œuvre romanesque lors de la publication du volume de la Pléiade en 1982.

Cette édition des *Œuvres romanesques* comprend en outre les deux courts romans que sont *Alexis ou le traité du vain combat* (1929) et *Le Coup de grâce* (1939), confessions à la première personne que Yourcenar définit par leur style comme «récits à la française». Le premier est la lettre d'adieu qu'un jeune musicien marié depuis deux ans écrit à sa femme au moment de la quitter, et où il retrace sa vaine lutte intérieure contre ses penchants homosexuels. Dans le second, le héros aussi «préfère les garçons», selon sa propre expression. Il raconte comment, au cours des luttes de partisans qui ont suivi la première guerre mondiale dans les pays baltes, il en est arrivé à exécuter la femme qu'il a toujours repoussée, et que pourtant il aimait à sa façon. A ces deux récits cruels succèdent les romans proprement dits, *Denier du rêve* (1934), et les grandes œuvres de l'après-guerre qui ont établi la réputation littéraire de Yourcenar, *Mémoires d'Hadrien* (1951) et *L'Œuvre au noir* (1968). De ces trois romans qui peuvent être dits «historiques», le premier est situé dans l'Italie des débuts du fascisme, et le troisième dans l'Europe de la Renaissance, principalement en Flandre. C'est ce type de roman qui a véritablement fait connaître Yourcenar du grand public. On a à juste titre salué en *Mémoires d'Hadrien* l'illustration brillante d'un genre presque totalement nouveau, celui des mémoires fictives, mais non apocryphes, d'un personnage historique.[1] Yourcenar a plusieurs fois raconté l'histoire de ce livre, projet de sa vingt-cinquième année abandonné ensuite pendant longtemps, quasiment oublié, et repris enfin après la guerre, lorsque le hasard de la réception d'une malle laissée en Suisse autrefois lui fit tomber entre les mains le début d'une lettre adressée à un certain Marc. Ayant cherché sans succès un Marc parmi ses connaissances, elle finit par y reconnaître le fils adoptif d'Hadrien, le futur Marc Aurèle, et par reconnaître dans la lettre le début de son ancien manuscrit. Elle n'en garda qu'une seule phrase, ainsi que la formule de la lettre. L'anecdote est significative du mélange de hasards et de profonde continuité qui ont fait cheminer les projets de jeunesse de Yourcenar, à travers maints avatars, jusqu'aux versions que nous connaissons. Ses «notes» inédites de la période 1947-51 manifestent son embarras à définir le genre d'*Hadrien* : elle l'appelle tantôt roman, tantôt essai ou encore «méditation sur l'histoire».[2] Elle a finalement opté pour *roman*, mais sans cesser de se demander jusqu'à la fin de sa vie si on écrit jamais vraiment des romans.

Le volume d'*Œuvres romanesques* est complété par deux recueils de nouvelles, *Nouvelles orientales* (1975) et *Comme l'eau qui coule* (1982),

---

1. Il existe un précédent célèbre, celui du roman de Robert Graves, *I, Claudius*, London : A. Barker, 1934. Mais outre que les différences dans la manière d'intégrer la réalité historique sont énormes, il n'est pas sûr que Yourcenar l'ait connu.
2. Archives Yourcenar, Houghton Library, Harvard University.

reprenant soit des textes publiés dans les années trente, soit des ébauches encore antérieures. L'origine du deuxième recueil remonte à un projet de grand roman flamand datant de 1921 qui devait s'intituler «Remous». La version intermédiaire de 1934, *La Mort conduit l'attelage*, comprenait trois nouvelles placées sous l'égide de trois peintres, Dürer, Greco, et Rembrandt. «D'après Dürer» a servi de germe à *L'Œuvre au noir*. Les deux autres, remaniées, divisées, forment les trois nouvelles de *Comme l'eau qui coule* : «Anna Soror...», histoire d'un inceste, «Un homme obscur», vie et mort d'un homme au cœur pur, et «Une belle matinée,» le départ dans la vie d'un jeune comédien, fils du Nathanaël de l'histoire précédente.

Les héritiers littéraires de Yourcenar viennent de faire paraître une nouvelle édition des *Œuvres romanesques* à laquelle ils ont décidé d'ajouter le roman de 1931, *La Nouvelle Eurydice*, que Yourcenar considérait comme étant si infiniment raté qu'elle avait toujours refusé de le laisser reparaître. Aux lecteurs de méditer les leçons de ce récit manqué, ainsi que sa valeur biographique.

Le théâtre de Yourcenar est en général considéré comme moins digne d'intérêt que ses romans, ce qui est injuste, car il apporte à ceux-ci un contrepoint et un complément très important. Du point de vue formel, il est intéressant de voir comment elle traite les dialogues, alors qu'elle se les interdit dans la plupart de ses romans. De plus on y trouve une dramatisation très libre et parfois très violente de mythes et de légendes, ce qui la situe le mieux dans l'âge de Cocteau, de Giraudoux, et de Sartre. Une courte pièce, *Dialogue dans le marécage,*[1] est la seule œuvre dramatique écrite avant la guerre, si l'on excepte une ébauche de son drame sur Thésée et le Minotaure. C'est aux Etats-Unis que Yourcenar a travaillé à des reprises de sujets mythologiques ou légendaires, pendant cette période sombre de la guerre où, totalement coupée de la France, elle croyait sa carrière littéraire terminée. Comme Giraudoux, elle a son Electre (*Electre ou la chute des masques*) et son Ondine (*La Petite Sirène*). Elle écrit aussi *Le Mystère d'Alceste* et retravaille l'histoire de Thésée, *Qui n'a pas son Minotaure ?*. La publication des deux volumes du *Théâtre* en 1971 sera l'occasion de compléter ses «avant-propos» et « examens» de pièces, qui constituent une part très importante de son travail d'essayiste et de critique. Il y a en effet chez elle, comme l'a noté sa biographe Josyane Savigneau, «un incurable penchant pour l'autocommentaire»(81), qui fait s'entremêler dans son œuvre la création, la critique et l'autobiographie d'une manière très originale. Au regard de l'ensemble des écrits, ces préfaces sont une partie essentielle du *Théâtre*, car la réflexion sur le mythe y est d'une ampleur parfois dis-

---

1. Représentée à Paris avec succès au Théâtre du Rond-Point (1991).

proportionnée aux pièces elles-mêmes. Yourcenar passe en revue toutes les versions précédentes des mythes et légendes qu'elle reprend, mais loin d'être un exercice scolaire, chacun de ces essais est traversé d'envolées très personnelles sur la destinée des personnages mythiques et sur la littérature à travers les âges. Rêvant par exemple à Racine renonçant à écrire le drame d'Alceste, elle imagine qu'«il flotte quelque part, dans le royaume des Idées, la plus parfaite des *Alcestes*» (*Th. II*, 97).

Yourcenar lectrice, voyageuse, philosophe a laissé un nombre important d'essais qui jalonnent toute sa vie. Certains remontent aux années vingt, tel ce «Diagnostic de l'Europe» de 1929 certes très empreint du ton valéryen de «La crise de l'esprit,» et bien en accord avec la sensibilité décadente de l'époque, mais qui porte la marque d'une vision proprement yourcenarienne d'une décadence toujours présente au cœur du devenir historique. Le recueil *Sous bénéfice d'inventaire* (1962) regroupe des textes sur «L'Histoire Auguste», Agrippa d'Aubigné, Piranèse, le château de Chenonceaux, Selma Lagerlöf, Constantin Cavafy, et Thomas Mann. Les éditeurs de la traduction anglaise de ce volume ont été bien inspirés de choisir pour titre général celui du troisième essai, «Le cerveau noir de Piranèse,» car ces pages sont visionnaires, non seulement à propos de Piranèse, lui-même dessinateur visionnaire des *Prisons*,[1] mais aussi à propos du temps tel qu'il s'inscrit dans les ruines des anciennes splendeurs de Rome. Ce thème du temps va d'ailleurs unifier le volume suivant, *Le Temps, ce grand sculpteur* (1983).[2] Deux recueils posthumes, *En pèlerin et en étranger* (1989) et *Le Tour de la prison* (1991) rassemblent la plupart des essais restants, de valeur inégale, mais toujours intéressants par la vigueur de l'écriture et la diversité des intérêts.

Un livre entier est consacré à l'écrivain japonais qui a accompli un spectaculaire suicide rituel en 1970, *Mishima ou la vision du vide* (1981). On le retrouve dans la traduction signée Yourcenar de *Cinq Nô modernes de Yukio Mishima* (1984), où elle a uni son amour du théâtre et son intérêt pour le Japon. Il semble que pour elle, le *Nô* ne doive pas nous être plus étranger que la tragédie grecque, l'un comme l'autre donnant une expression stylisée et ritualisée aux passions fondamentales. Sa traduction du japonais demandait évidemment assistance, comme aussi, mais à un moindre degré, celle du grec moderne dans le cas de Constantin Cavafy. Il serait peut-être plus juste de parler de réécriture parallèle. Comme le note Josyane Savigneau, «On sait, depuis son travail avec Constantin Dimaras sur

1. Le titre de l'essai est emprunté à Victor Hugo, «Les Mages», *Œuvres poétiques*, éd. La Pléiade, T. II, p. 784. Yourcenar place Hugo lui aussi parmi les visionnaires pour lesquels elle a une prédilection. Voir sa présentation d'Empédocle, autre visionnaire (*CL*, 174-81).
2. Autre emprunt à Hugo, «A l'Arc de Triomphe», *Op.cit.*, p.938.

Cavafy, quels rapports subtilement désinvoltes Marguerite Yourcenar entretient avec la traduction» (123). Elle n'avait pas besoin d'aide pour l'anglais, ce qui lui permit de faire deux traductions, «alimentaires» dit-elle. Mais son choix de deux écrivains difficiles, qui manient la langue et le secret d'une manière subtile, n'est sans doute pas un fait de hasard : Virginia Woolf pour *Les Vagues* (1937) et Henry James pour *Ce que savait Maisie* (1947). On ne peut s'empêcher de songer à la ressemblance possible entre la petite fille vigile du roman de James et la jeune Marguerite, témoin elle aussi des jeux passionnels des adultes.

Il reste à évoquer les trois grands livres de Yourcenar publiés sous le titre général, *Le Labyrinthe du monde,* qui réalisent une combinaison originale de chronique familiale, de roman généalogique et d'une approche particulière de l'autobiographie où il est rarement dit *je.* Le premier, *Souvenirs pieux* (1974), est l'exploration de la lignée maternelle accomplie dans une sorte de boucle temporelle à partir de la naissance de Marguerite, suivie en quelques jours par la mort de sa mère, Fernande. Cette mort entraîne l'évocation de la famille de Fernande, puis du mariage de ses parents. La boucle refermée, le livre se termine sur cette phrase, «Mon visage commence à se dessiner sur l'écran du temps» (*SP*, 943). *Archives du Nord* (1977) suit «la démarche contraire», partant de la nuit des temps pour arriver, à travers la chronique de la lignée paternelle, au moment où «l'enfant a environ six semaines». *Quoi ? L'Eternité* (1988), publié un an après la mort de Yourcenar à partir d'un manuscrit presque achevé, ne va que jusqu'en 1918. Plus que l'enfance de l'auteur, c'est la suite de la vie aventureuse et joueuse de son père qui est évoquée dans ce livre qu'elle désignait, dans les conversations de ses dernières années, comme «mon roman». On y devine les liens complexes qui rattachent les protagonistes de l'histoire paternelle à certains des personnages les plus troublants de la fiction yourcenarienne, tels qu'Alexis et Eric, le narrateur du *Coup de grâce,* auxquels j'ai fait allusion plus haut. Un deuxième volume de la Pléiade, paru en 1991, rassemble ces chroniques familiales et tous les volumes d'essais sous le titre *Essais et mémoires.* Y sont joints, en tant que «textes oubliés», *Pindare* et un recueil de rêves, *Les Songes et les sorts,* que l'auteur avait l'intention de republier un jour, ainsi que les derniers articles non réunis en volume.

Si on ajoute à ce rapide recensement de l'œuvre la masse énorme de lettres et de notes déposées à la bibliothèque de Harvard (futurs textes oubliés ?), on mesure à quel point Yourcenar a vécu pour et par l'écrit, consacrant sa réflexion à parcourir, mesurer et parfois nier la distance qui sépare la vie et l'art. La tentation d'effacer cette distance traverse toute son œuvre, inscrite en particulier dans le mouvement vers une fusion presque mystique avec ses personnages et avec le passé. Mais la tension inverse est tout aussi forte, maintenue par Yourcenar artiste et artisan, poursuivant son travail dans la durée patiente du projet et de la méthode, qui est aussi le temps de la mise à distance du *moi*.

C'est donc sous l'angle de la notion de temps que je mènerai cette étude. Le choix de cette perspective découle d'abord du caractère omniprésent de la question du temps chez Yourcenar, dans ses essais, dans sa fiction, dans ce qu'elle dit d'elle-même. Tournée vers le passé dès ses premiers pas littéraires, inspirée par sa connaissance de l'Antiquité et de ses mythes, puis résolument adonnée au roman historique, enfin à la chronique familiale, Yourcenar écrit en héritière qui a contracté une dette. Les textes qu'elle réunit sous le titre *Le Temps, ce grand sculpteur*, et dont le plus ancien remonte à 1931, attestent non seulement la constance d'un thème, mais une préoccupation philosophique profonde qui subsiste à travers les conquêtes de l'érudition historique, et au-delà des images et des thèmes liés au temps. Ainsi c'est toute l'œuvre, par sa forme, son allure, ses reprises, ses gestes d'écriture, qui constitue une méditation sur le temps.

Non seulement la temporalité est le support de tout récit, mais Yourcenar en fait un ressort dramatique, indépendamment de toute autre motivation, chaque fois qu'elle met en scène la quête du passé, le sentiment d'une faute (*CG*), un retour sur les origines (*A*), et même directement le sens du moment historique héritier d'un passé et porteur d'un avenir, comme chez ses deux héros culturels, Hadrien et Zénon, le personnage fictif de *L'Œuvre au noir*. Par l'allégorie du «grand sculpteur», le temps est personnage agissant, créateur et destructeur, cosmique et historique. Mais il est d'autres tropes qui mettent le temps en relation avec les multiples aspects de l'activité humaine et de l'univers, comme les métaphores liquides, et toutes celles qui évoquent parcours et voyage.

Le temps ou tous les temps ? C'est la question que soulève la phrase que j'ai mise en exergue, «*Tous les temps, y compris celui où nous sommes, flottent également à la surface du temps*» (*EM*, 168). Comment concilier ce singulier et ce pluriel ? Dans son essai sur Thomas Mann, d'où vient cette phrase, Yourcenar suggère que l'auteur de *La Montagne magique* et de *L'Histoire de Joseph* est parvenu a maintenir ensemble ces deux aspects. «Pour cet analyste des mutations et du passage, le présent n'a pas une place privilégiée dans la suite des siècles.» Et après une brève caractérisation de la temporalité dans différents romans de Mann, elle conclut ainsi le passage : «[l]'instant historique s'agrège de plus en plus explicitement à une notion cosmique d'éternité» (168).

La formule de l'exergue peut servir de guide pour l'étude de la temporalité chez Yourcenar dans la mesure où il existe une indéniable affinité entre sa sensibilité du temps et celle de Thomas Mann. Elle aussi sans doute a vu dans la fiction le moyen d'établir un passage, non une synthèse, entre cette indicible unité du temps que nous ne pouvons ni prouver ni réfuter, et les différentes configurations du temps vécu. Avant tout, cette phrase illustre l'impossibilité qu'il y aurait à séparer chez elle une conception du temps et des images du temps, ou, ce qui serait encore pire, à trouver les images qui illustreraient cette conception. Le temps n'est pas vraiment pensable. On en approche à l'aide de métaphores *spatiales* — comment faire autrement ? Ici, c'est une métaphore marine, celle de l'océan qui allie la profondeur à l'étendue d'une surface, et le mouvement à la fixité d'un spectacle. Mais surtout la formule rapprochant «tous les temps» et «le temps» affirme la coexistence d'un pluriel concret avec le singulier de l'océan du temps. Ce pluriel n'est pas seulement celui des surfaces phénoménologiques, temps de l'attente et temps du regret, du plaisir ou de la douleur, c'est aussi chez Yourcenar celui des strates de durées différentes, celle de l'individu, des civilisations, de l'univers, à la manière de Fernand Braudel. Si le verbe «flotter» assure que notre petit temps personnel (par exemple, ce qu'elle appelle «le temps fiévreux du sanatorium» vécu par Hans Castorp) ne sombre pas dans la profondeur d'un temps sans conscience, l'adverbe «également» enlève cependant beaucoup à l'individualité de chaque figure de la durée.

Chez Yourcenar la méditation sur le temps est d'autant plus littérairement féconde qu'elle n'est pas orientée vers la réduction des contradictions, contrairement à l'image qu'on se fait d'une œuvre parfaitement sereine. Elle est au contraire soutenue par l'exploration ou même l'exploitation des apories de l'expérience du temps. Le célèbre livre XI des *Confessions* de Saint Augustin (qu'elle note parmi les livres lus entre sa 15ème et sa 18ème année [notes inédites]) pourrait servir de fil conducteur pour nommer ces contradictions insolubles. La première concerne la réalité et l'irréalité du temps, ou encore l'impossibilité de définir l'être du temps alors même que la réalité de son passage, attestée par la permanence des traces du passé comme par l'attente de l'avenir, est une expérience indéniable et constante. N'en découle-t-il pas cette contradiction que c'est toujours au présent que l'on saisit et le passé et l'avenir ? Le temps alors est-il un ou multiple ? Et comment mesurer ce qui est tout en n'étant pas ? Ajoutons une aporie qui a chez Yourcenar la tonalité de pessimisme et d'angoisse propre à notre XXe siècle : le devenir humain est-il absurdement livré au hasard ou est-il orienté par une finalité ?

Yourcenar ne pose pas la problématique du temps en philosophe religieux comme le fait Saint Augustin, mais constitue une poétique du temps multiple et contradictoire à travers ses essais et fictions. Les métaphores liquides en sont l'aspect le plus évident, assorties d'un imaginaire complexe qui justifie une approche inspirée des études de Gaston Bachelard et de Gilbert Durand sur l'imagination matérielle et archétypale.[1] Ce n'est pas la voie que je suivrai. J'ai choisi de diviser mon étude selon les grandes catégories qui servent à Yourcenar de médiation entre ce profond océan immobile du temps qu'elle nomme parfois éternité, et la surface agitée où se déroule notre vie. Cette poétique est *inspirée* par des questions semblables à celles d'Augustin, jusqu'à établir une relation entre le sentiment du moi et le sentiment du temps, jusqu'à attacher le développement de la vie spirituelle à l'enrichissement de la vision du temps. Ainsi, il est frappant de retrouver «la mer du temps»au début du premier volume de mémoires, *Souvenirs pieux* (708), et à la fin du deuxième, *Archives du Nord* (1181), et chaque fois en relation avec la destinée de «l'être que j'appelle moi» (*SP*, 707). La question «qui suis-je?» est la question de l'être dans le temps, le temps qui sépare «cet enfant et moi», et cependant les unit si je me donne la peine de «rejointoyer» des bribes de faits, «la seule bouée qui nous soutient tous deux sur la mer du temps» (708). La question «qu'ai-je fait de ma vie ?» est pour l'auteur du *Labyrinthe du monde* celle de savoir dans quelle mesure et comment elle a réussi à «sortir de ce que ses ancêtres appelaient le siècle et que nos contemporains appellent le temps» (*AN*, 1181). Le temps sépare, le temps unit.

Animée par des questions d'ordre à la fois éthique, philosophique et épistémologique, cette poétique du temps est *informée* par un travail de la langue et de la pensée qui se trouve en résonance avec la réflexion de Paul Ricœur dans *Temps et récit*.[2] Ce n'est pas vraiment un hasard, étant donné que la problématique de la «référence croisée de la fiction et de l'histoire», si importante pour Yourcenar dans sa quête du passé, est au centre des préoccupations de Ricœur (T.III, 224). Trois des chapitres de la présente étude se trouvent correspondre à ce que Ricœur nomme les *«procédures de connexion*, empruntées à la pratique historienne elle-même, qui assurent *la réinscription du temps vécu sur le temps cosmique»* (147). Il s'agit, dans le chapitre II, de la chronologie, système qui ordonne le temps par rapport à l'univers physique; dans le chapitre IV, de l'usage des archives et autres traces pour établir la *réalité* du passé; et dans le Vème et dernier chapitre, de la suite des générations ou généalogie. Le premier chapitre examinera le projet artistique de Yourcenar comme geste inscrit dans l'espace-temps.

---

1. C'est l'approche adoptée par Nadia Harris dans une très riche étude, à paraître prochainement, *Marguerite Yourcenar. Vers la grève d'une Ithaque intérieure.*
2. Tomes I, II, III, Editions du Seuil, 1983-85.

Entre l'étude du temps des calendriers (chapitre II) et celle de l'histoire (IV), j'ai inclus l'analyse du temps mythique, pôle d'attraction constant pour une poétique du temps. Les mythes du temps en effet sont à l'origine de toutes les images qui transcendent les contradictions. L'un de ces mythes est celui du temps qui ne vieillit pas, le *Chronos ageraos* décrit par Jean-Pierre Vernant. «Semblable à une autre figure mythique, le fleuve *Okeanos*, qui enserre tout l'univers de son cours infatigable, *Chronos* a l'aspect d'un serpent fermé en cercle sur lui-même, d'un cycle qui, entourant et liant le monde, fait du cosmos, en dépit des apparences de multiplicités et de changement une sphère unique et éternelle».[1] Yourcenar ne l'explicite pas, mais la circularité du temps est sous-jacente à toute son œuvre, dans une tension poétiquement féconde avec la représentation linéaire. Si je ne donne pas une place à part à la remémoration comme moyen essentiel et de «retrouver» le temps et de donner forme aux récits, c'est d'abord que dans cette œuvre, le temps n'est jamais vraiment «perdu» et que la remémoration me paraît toujours subordonnée, à la différence de ce qui se passe chez Proust, à d'autres configurations du temps.[2]

Les remarques qui précèdent m'amènent à poser la question de la place à donner à l'exposé de la «sagesse» yourcenarienne. Cette œuvre en impose par son élévation, sa noblesse et l'exigence de lucidité représentée par «les yeux ouverts». Elle porte la marque d'une aspiration vers le mieux vivre au sens moral et spirituel du terme, aspiration d'ailleurs soulignée par l'auteur qui a, dans ses entretiens, parlé d'Hadrien et de Zénon comme de modèles de conquête de soi. Pour toutes ces raisons, et parce qu'on y retrouve l'empreinte très forte de toutes les grandes sagesses de l'histoire humaine — l'ascèse stoïcienne, la contemplation bouddhique et la méditation alchimique, sans oublier la sagesse hédoniste — la critique yourcenarienne a quelque peine à se déprendre d'un certain ton hagiographique. La tentation est forte, d'une part de traiter Yourcenar en moraliste guidant ses lecteurs vers un détachement serein, d'autre part de lire son œuvre comme une réponse à la fois harmonieuse et rationnelle aux drames de l'existence. Mais si la fascination pour un écrivain qui a su illustrer les thèmes moraux avec une grande richesse a inspiré d'excellentes études, il en est aussi de très réductrices, de celles qui tendent à oublier que le langage littéraire, comme

1. *Mythe et pensée chez les Grecs*, La Découverte, 1990, p. 127-28.
2. Il y a d'autres manières d'aborder l'étude du temps chez Yourcenar. Voir, pour une analyse très minutieuse des procédés textuels de l'expression de la temporalité et de l'articulation des perspectives temporelles, Christiane Papadopoulos, *L'Expression du temps dans l'œuvre romanesque et autobiographique de Marguerite Yourcenar*, Berne : Peter Lang, 1988.

tout langage, est une performance autant qu'un message, et qui tendent aussi à oublier que tout texte a un inconscient. La critique yourcenarienne est encore jeune, mais elle manifeste une très grande vigueur et attire des esprits très différents.[1] Peu à peu se dessine une lecture plus problématique et plus exacte de cette œuvre complexe qui en dépit de sa volonté extrême de lucidité a aussi ses points aveugles. On en dégage les conflits non résolus, qui continuent à travailler comme des ferments ces textes en apparence très lisses, et provoquent à des lectures nouvelles.

A l'image de Yourcenar moraliste s'ajoute celle de Yourcenar écrivain «classique,» tout aussi réductrice que la première. Epithète à double tranchant, dont on se sert pour louer le soin apporté à la forme et pour déplorer en même temps l'attachement au passé. Aux louanges adressées à l'humaniste et à la styliste rigoureuse répondent, diamétralement opposées, des critiques dirigées contre la solennité et l'emphase démodée de son style. Ce style «togé» qu'elle a travaillé à acquérir pour *Mémoires d'Hadrien* a contribué à lui faire une réputation d'auteur hautain et difficile. Il est vrai que Yourcenar professe un culte de la clarté d'expression et de l'exactitude, qu'elle corrige indéfiniment les impropriétés et incorrections, affirmant par là son contrôle absolu sur ce qu'elle publie et laisse republier. Il est vrai aussi que sa position d'exilée lui a inspiré une fidélité militante à l'égard du français; vrai encore qu'elle n'a manifesté aucune réceptivité pour l'extraordinaire révolution artistique contemporaine de ses années d'apprentissage. Dans la mesure où «classicisme» renvoie à la permanence d'une autorité, certes elle est classique, relayant par sa réflexion rhétorique les règles illustrées par les grandes œuvres du passé. Elle écrit pour prendre place dans une tradition. Mais nous savons d'autre part avec quelle liberté elle manipule la loi des genres. Nous pouvons de plus mesurer, en comparant certaines notes de premier jet à la version finale, ce qui reste d'un rythme premier, proche de l'inconscient, dans les phrases bien équilibrées du travail final. On ne soulignera jamais assez le paradoxe d'un classicisme qui s'est forgé en marge des institutions, dans une atmosphère de solitude avec les livres. C'est une enfant qui n'est jamais allée à l'école, une adolescente autodidacte partageant les voyages et les lectures d'un père aventurier et lettré, une jeune femme sans domicile fixe, puis une exilée établie par hasard dans une île de la côte du Maine qui est devenue, pour bien des lecteurs et des critiques, la véritable incarnation d'un classicisme moderne en littérature française.

1. Il faut saluer le travail de la *Société Internationale d'Etudes Yourcenariennes*, qui publie son bulletin depuis 1987 et a organisé de nombreux colloques en France, en Espagne, en Italie, en Belgique. La *Société Marguerite Yourcenar d'Amérique du Nord* vient de se créer sous l'impulsion d'Edith et de Frederick Farrell.

Yourcenar qui n'a jamais voulu écrire en tant que femme, et qui a même eu des paroles dures pour le féminisme, s'est trouvée malgré elle briser une barrière de la misogynie institutionnelle, et provoquer en 1980 quelques vagues en retour dans le débat sur le sexe de l'écriture déjà bien affaibli à cette époque. Les critiques masculins se sont empressés de la coopter parmi la cohorte des grands. Que reflète par contre le silence presque total de la critique féministe ? Sans doute une bonne part d'indifférence de la part des théoriciennes pour qui Yourcenar, écrivant dans «l'universel», respectant ce *logos* si fortement codé par le masculin, serait en quelque sorte passée de l'autre côté. Parfois se formule une critique militante hostile à l'égard d'une romancière dont les personnages principaux sont des hommes qui souvent repoussent l'amour de la femme, et qui semble nier la femme en elle. On a tenté par exemple de psychanalyser crûment l'absence de la femme dans son œuvre à partir de la mort de sa mère.[1] D'une manière générale, la critique féministe s'est plutôt trouvée embarrassée par le phénomène Yourcenar. «Femme, elle n'écrit que des hommes. . . rien en elle de féminin», s'étonnait Catherine Clément dans ce même numéro du *Magazine littéraire* où d'Ormesson saluait la fin de l'écriture féminine. Il me paraît très important d'échapper à l'étroitesse de l'alternative entre ces deux pôles : d'une part l'idéologie esthétique d'une littérature *universelle* et asexuée, pour laquelle l'effacement des signes de l'écriture féminine est la condition de la littérature, et la revendication féministe affirmant qu'une signature de femme doit annoncer une écriture-femme. La question est extrêmement complexe dans le cas de Yourcenar et demande une analyse exacte de la *voix* et des processus de distanciation dans tous ses textes, y compris les «paratextes». Mais déjà, des critiques féministes commencent à dénoncer la fausseté de l'expression «femme-qui-écrit-comme-un-homme». Elle ne s'impose que si la lectrice se fait lecteur, prenant à la

---

1.   Ainsi Linda K. Stillman *diagnostique* chez Yourcenar un trouble profond du narcissisme et une haine de la femme en elle-même et dans ses personnages. «Marguerite Yourcenar and the Phallacy of Indifference», *STCL*, 9, No. 2, Spring 1985, 261-77. Un autre type de critique dénonciatrice, plus subtile et plus juste, porte sur les idéologies et stéréotypes encryptés dans le texte de Yourcenar. Voir le Bulletin no. 5 de *SIEY*, novembre 1989, *Mythe et Idéologie*, et en particulier l'article de Luc Rasson, «Un humanisme inadéquat. A propos du *Coup de grâce* »,47-60. On pense aussi à l'article d'Elaine Marks, «Getting Away with Murd(her): Author's Preface and Narrator's text. Reading Marguerite Yourcenar's *Coup de grâce* 'After Auschwitz'», *The Journal of Narrative Technique*, 20, No.2, Spring 1990, 210-20. Cet article parfois injuste a le mérite de travailler avec la matière du texte.   Voir en contrepartie la communication riche et nuancée de Michèle Sarde au Colloque de Clermont-Ferrand, *Marguerite Yourcenar et la Méditerranée*, mai 1991, «Mythes et représentations du Juif chez Marguerite Yourcenar» (à paraître).

lettre les mots d'ordre ou les dénégations de l'auteur sur son esthétique de la transparence et sur la nécessité de transcender la différence sexuelle.[1]

Ce que Yourcenar appelle ses jeux avec le temps, c'est-à-dire toute son écriture, forme un labyrinthe à plusieurs entrées. L'entreprise d'écrire devient certes une construction de soi, une conquête, l'ascèse qui permet de dominer les pertes et les deuils. Mais on peut la voir différemment. L'auteur raconte ou fait raconter l'histoire qu'elle sait, la plus accessible, la plus immédiate, celle de personnages mythiques, celle qu'un ami vient de lui rapporter, le récit d'une nuit de noce écrit par son père, peut-être parce que tout cela tourne autour d'une histoire qu'on ne peut pas raconter.

1. Les travaux de Michèle Sarde et de Mieke Taat sont ici à signaler. M. Taat prépare une thèse de doctorat à l'Université d'Amsterdam sur *Electre ou la chute des masques*, qu'elle considère comme un «texte-crise» dans lequel elle se propose de «faire ressortir les enjeux psychanalytique, déconstructiviste et féministe» (version inédite). De la même, voir «La Mer mêlée au soleil», *Confronto Letterario*, supplemento al no. 5, 1986, 59-67.

Chapitre I

Portrait de l'artiste . . .

> Que Voltaire n'ait pas compris la Bible; qu'il
> éclate de rire devant Pindare; est-ce que cela ne
> dessine pas la figure de Voltaire, comme le peintre
> qui, traçant le contour du visage, dirait à ce
> visage : Tu n'iras pas plus loin ?
> André Gide, *De l'influence en littérature.*
>
> Avec Mallarmé, le «je pense donc je suis» devient
> pour ainsi dire: «j'écris, donc je pense à la
> question : qui suis-je ?»
> Philippe Sollers, *L'Ecriture et l'expérience
> des limites.*

Ce «portrait de l'artiste» est une manière oblique de viser deux questions fondamentales et entrecroisées chez Yourcenar, celle de l'esthétique et celle de l'autoportrait. La première est une préoccupation très explicite dans toute son œuvre. Mais la seconde l'est beaucoup moins. Ce qu'il y a d'autoportrait est loin d'être composé systématiquement, il est fait de lignes interrompues, tissées parfois au plus profond de la trame de l'écriture. En puisant à la fois dans ses essais et dans sa fiction, à l'aide des figures d'artistes réels qui ont retenu son attention critique, parfois son admiration ou sa dévotion, mais aussi des artistes imaginaires qu'elle a mis en scène, nous voyons se dessiner une figure complexe, tenant d'elle-même et des autres, de la réalité et de l'idéal.

L'art a tant de visages et de noms, et même de fonctions différentes chez Yourcenar qu'il est dangereux de chercher à définir sa philosophie esthétique en combinant ce qu'elle dit en son nom et ce qu'elle fait dire à ses artistes imaginaires. Certains critiques extrapolent à partir des plus hauts exemples de réussite artistique, comme celle du peintre Wang-Fô des *Nouvelles orientales,* et n'hésitent pas à voir dans l'art un instrument de révélation, et dans l'artiste «un peu plus qu'un homme, un peu plus qu'un dieu.»[1] Il est vrai que pour Yourcenar, l'art est investi d'une mission. Qu'il soit considéré du point de vue du créateur ou du récepteur, il est toujours défi au temps, tout en offrant des réponses multiples à la provocation que

---

1. Elena Pessini, «L'Artiste dans l'œuvre de M. Yourcenar», *Marguerite Yourcenar et l'art,* Tours : SIEY, 1990, p. 11. Voir aussi C.F. Farrell et E. R. Farrell, «L'Artiste : dieu d'un monde intérieur», *Id.* pp. 13-21.

représente la fuite insaisissable des instants. La musique pour Alexis reste, jusqu'à ce qu'elle ait cessé, «en partie plongée dans l'avenir» (*OR,* 74). «La survivance immobile des statues . . . comme la tête de l'Antinoüs Mondragone, au Louvre», atteste au contraire que quelque chose vit encore «à l'intérieur de ce *temps mort*» que nous comptons par siècles (Cn.*MH,* 520). Quant aux arts du verbe, ils ont le pouvoir de subsumer tous les autres arts. Yourcenar évoque par exemple, à propos du poète Cavafy, la force des images qui soutiennent la réminiscence charnelle et font de «l'artiste le maître du temps» (*EM,* 154). Mais si Cavafy réussit si bien dans sa «fidélité à l'expérience sensuelle», c'est qu'il vise dans sa poésie «le temps-espace de la philosophie éléate, flèche qui vole et qui ne vole pas, . . . points immobiles constituant une ligne qui nous paraît en marche. Chaque instant révolu en est plus sûr, plus défini, plus accessible à la contemplation du poète . . . que l'instable présent» (153). Or les pièges du temps sont aussi multiples que les inventions de l'art. Il n'est pas facile d'échapper à «l'image héraclitienne du temps, celle du fleuve rongeant ses propres bords, noyant à la fois le contemplateur et l'objet contemplé» (152).

Yourcenar montre bien qu'elle-même est tiraillée entre ces deux images du temps et les deux visions de la «réalité» qu'elles impliquent. La première et la dernière des *Nouvelles orientales* illustrent d'une certaine manière cette opposition entre platonisme et héraclitéisme en la personne de deux peintres. Dans *Comment Wang-Fô fut sauvé,* le maître sait d'emblée capter l'essence même des apparences, négligeant complètement les choses ou les êtres qu'elles signalent, ravi également par «la zébrure livide de l'éclair» et par «la teinte verte dont se recouvre la figure des morts»(*OR,* 1140-41). Il ne s'aperçoit pas qu'il vieillit. Il ne meurt pas, il s'évanouit dans une de ses toiles, échappant ainsi et au temps et à la vindicte de l'empereur qui avait cru à cause de lui à la beauté du monde. Dans la dernière nouvelle par contre, Cornélius Berg, vieux peintre de portraits sur commande, finit à Amsterdam dans la tristesse d'avoir «trop scruté les visages humains». Au moment où il perd son peu de talent, «du génie sembl[e] lui venir»(1212). Il s'abîme alors dans la contemplation des choses les plus simples, si émerveillé par leur beauté fugitive qu'il ne peut plus peindre. Yourcenar dit simplement, pour justifier la présence de *La tristesse de Cornelius Berg* dans un recueil de contes orientaux, «je n'ai pas résisté à l'envie de mettre en regard du grand peintre chinois, perdu et sauvé à l'intérieur de son œuvre, cet obscur contemporain de Rembrandt méditant mélancoliquement à propos de la sienne» (1216). Ce qu'elle présente comme une fantaisie d'auteur, presque un caprice, me paraît très significatif du désir de corriger par son contraire la réussite trop parfaite de Wang-Fô. L'échec de Cornelius Berg est tout aussi riche de leçons.

Lequel des deux peintres est le plus fidèle à son modèle, celui dont l'art possède une évidence qui surpasse celle des objets, ou celui que la beauté du monde paralyse ? Le contrepoint de ces deux nouvelles nous rappelle que la représentation du réel ne va pas de soi, puisque le réel ne va pas de soi, mais aussi que la beauté n'est pas le seul enjeu de l'art.

Quant à l'autoportrait de Yourcenar, il est présent en filigrane, ou, lorsqu'il se fait plus explicite, en fragments troués de dénégations. Mais n'oublions pas que dans ce contexte littéraire, «*autoportrait* reste obstinément métaphorique», comme le rappelle Michel Beaujour au début de *Miroirs d'encre*.[1] Notre langage ne peut se passer de cette métaphore, mais les arts différents ne sont pas équivalents face au temps et face au problème de la représentation. En littérature, tout ce qui situe l'artiste par rapport à une tradition, tout ce qui permet de dessiner une vocation et une création individuelles sur fond de contexte culturel fait portrait. Le choix d'un pseudonyme, c'est déjà une affirmation de puissance créatrice, une première écriture de soi, contemporaine pour Marguerite de Crayencour de la publication de sa première œuvre; et il n'est sans doute pas indifférent que cette création ne soit pas l'effacement de son nom de naissance, mais son anagramme, inventé en collaboration avec son père. Il y a aussi toutes les marques de l'auteur sur son ouvrage. Ces marques sont parfois calculées, comme l'intrusion du narrateur à la fin de *L'Œuvre au noir* («Et c'est aussi loin qu'on peut aller dans la fin de Zénon» [*OR*, 833])[2], ou beaucoup plus involontaires. «Nos moindres œuvres sont comme des objets où nous ne pouvons pas ne pas laisser, invisible, la trace de nos doigts», dit-elle à propos de ce qu'elle appelle une piécette, *La Petite Sirène* (*Th.I*, 146).

D'une manière plus directe, l'ébauche d'un «portrait de Yourcenar en auteur» est tracée dans les multiples préfaces, postfaces, notes et autres paratextes ajoutés à ses romans, à ses nouvelles et à ses pièces de théâtre. C'est là qu'elle expose les sources de ses œuvres, les circonstances de leur composition, et qu'elle les juge du point de vue de sa propre lecture et relecture. Cet abondant auto-commentaire où elle regarde mûrir et vieillir son œuvre — un peu comme Rembrandt dans ses autoportraits — est une incitation à nous interroger sur le projet littéraire de Yourcenar tel qu'il se réfléchit dans ce miroir, et sur la conception de l'art qui s'y inscrit.

1. Editions du Seuil, 1980, p. 7.
2. Qui n'est pas sans rappeler la fin de *La Légende de Saint Julien l'Hospitalier*, de Flaubert: «Et voilà à peu près l'histoire de Saint Julien l'Hospitalier telle à peu près qu'on la trouve sur un vitrail d'église, dans mon pays» (Ed. La Pléiade, 1952, T.I, p.648). Dans les deux cas, cette phrase qui nous ramène sur terre et à la réalité de la narration vient après le récit d'une mort, dans lequel le narrateur est allé très loin vers l'au-delà.

Le portrait que j'essaie de recomposer non seulement révèle ses straté-gies d'écriture et nous ramène indirectement à son esthétique, mais il devrait aussi contribuer à corriger l'image figée d'un écrivain classique et d'une imagination essentiellement tournée vers le passé.

Le bal masqué

Tout écrivain pourrait dans une certaine mesure reprendre à son compte la phrase de Descartes, *larvatus prodeo*, «j'avance masqué», moins par nécessité de se protéger que de reconnaître la transposition qu'opère toute expression. Yourcenar elle-même a parlé de «bal masqué» pour carac-tériser *Feux,* le livre qui est pourtant aussi proche que possible pour elle de la «franchise arrogante»(1045), livre d'aveux, dit-elle dans sa préface, mais où le lecteur chercherait en vain le roman d'amour fou donnant des clefs pour la biographie de l'auteur. Cette préface est l'illustration la plus nette de la manière dont Yourcenar ruse avec l'aveu en se retranchant derrière la question du style, qui est lui-même une façon de désigner l'impossibilité de la sincérité totale. Elle cherche dans ce livre, préface comprise, un com-promis difficile entre la vérité de l'art et ce qu'elle appellera plus tard «la réalité nue» dont il faut s'approcher. Il semble bien que pour elle, l'acces-sion à cette vérité dépende beaucoup moins de l'imitation de la vie que de l'adéquation de la forme à son sujet. Il importe pour le moment de recon-naître qu'il n'y a pas d'expression artistique sans un jeu avec l'artifice, sans une approche dangereuse du mensonge et de ses séduisantes variantes. N'oublions pas que *Feux* est dédié à Hermès — le dieu rapide, changeant et contradictoire, magicien rusé et trompeur, à la fois protecteur et voleur.[1] Nous le retrouvons sous la forme du «séduisant et quasi mythologique Hermès filou» servant dans l'essai «Humanisme et hermétisme chez Thomas Mann» à caractériser le personnage de Félix Krull. Celui-ci est «un artiste en imposture», l'incarnation aimable de «l'équivoque nature de l'artiste» (*EM,* 177). Est-ce éloge, est-ce blâme ? Il y a là plutôt la reconnaissance par Yourcenar de l'ambivalence inévitable, inhérente à la nature de l'artiste.

Du côté blâme cependant, elle se sert souvent d'expressions du jeu théâtral pour stigmatiser des excès de style, reprochant à Cocteau de recourir aux «tours de passe-passe de l'illusionniste» (*OR,* 1045), ou critiquant la première version qu'elle a publiée du *Minotaure* comme un exercice histrionique. «On y voit trop visiblement l'envie de plaire ou de déplaire, ou encore le réflexe de l'auteur embarrassé par un sujet trop beau . . . et qui pirouette ou gambille pour rassurer son auditoire» (*Th.II,* 177).

---

1. Nous savons maintenant que c'était le surnom qu'elle donnait à l'homme qui a provoqué la «crise passionnelle».

Ce sont là selon elle les grimaces de l'art. Mais cela ne suffit pas à justifier les interprétations qui attribuent à Yourcenar un manichéisme de la vérité et du mensonge, comme si tout ce qui s'apparente au masque ou au déguisement était, selon l'expression de D.H. Pageaux, «ce qu'elle déteste par dessus tout». Ce critique poursuit : «Il vaudrait la peine de relever toutes les occurrences de ces mots (travestissement, mensonge) qui nous font passer du roman au théâtre, mais toujours pour en désigner la mauvaise part, la part inavouable, la part de mensonge.»[1] Pageaux veut fonder son argument, selon lequel il y a un «malentendu entre Marguerite Yourcenar et le théâtre» — façon élégante de dire que ses pièces ne sont pas réussies — sur le fait qu'elle ne peut pas en accepter les conventions principales, parce que celles-ci sont établies sur «la duperie, le mensonge, le masque, même quand il tombe» (25-26), pour faire allusion au titre *Electre ou la chute des masques*. Mais tous ces mots du vocabulaire critique de Yourcenar, auxquels on peut ajouter «duplicité», même s'ils ont une connotation morale négative, font partie d'une dialectique vitale pour l'artiste. «Ayons la sincérité de le reconnaître : toute poésie est artificielle en ce qu'elle transfigure la vie. Ne disons pas mensongère. Le mensonge est dans les pensées; l'artifice est dans les phrases. Le mot artifice vient lui-même d'un mot qui veut dire ouvrier» (*Pindare, EM,* 1485). L'artifice constitue le passage obligé par lequel se gagne une certaine vérité. Il est essentiel au *jeu,* et il n'y a pas d'art sans un sens du jeu.

> Ces dernières œuvres de Mann ont chez lui une position à peu près semblable à celle du *Conte d'hiver* ou de *Cymbeline* chez Shakespeare. La notion de pessimisme et celle d'optimisme, le monde des formes fixes et le monde des formes qui bougent, l'ordre et le désordre, la vie-dans-la-mort et la-mort-dans-vie sont devenus les divers aspects d'un *MYSTERIUM MAGNUM* désormais sans surprise pour le vieil alchimiste; le sens du jeu supplante peu à peu le sens du danger. *EM* , 177.

Le jeu chez Yourcenar prend la valeur et la portée d'une catégorie philosophique. C'est un mode fondamental d'exister. Il est d'abord affirmation gratuite de l'existence, l'exercice du corps étant sa première manifestation, comme le délicieux essai sur Pindare le rappelle dès 1932. «Pindare est un poète du mouvement. . . . On a couru, sauté, lutté, par jeu, pour jouir de son adresse ou de sa force, bien avant de savoir désigner par un son l'acte de courir, de sauter ou de lutter. Ce qui distingue le sport de cette première forme toute spontanée de l'exercice gymnique, c'est uniquement la discipline. Elle commence de bonne heure» (*EM,* 1464). L'art n'est pas apparenté au jeu par une volonté délibérée et a posteriori de l'artiste, il en

---

1. Daniel-Henri Pageaux «Marguerite Yourcenar dramaturge ?» *Bulletin de la SIEY* 7, Nov. 1990, p. 20.

naît spontanément. Entre le jeu presque animal de l'enfant et le jeu mortel des guerriers, se situe celui de l'artiste, qui n'est pas totalement différent de l'un ni de l'autre, et comporte aussi sa part de rite. Reprenant les paroles de Roger Caillois dans son discours à l'Académie, elle évoque le joueur d'un «jeu d'oie infini où ne manquent ni le puits, ni la prison, ni les étapes fécondes», et où «il n'est pas le joueur ni même le dé, mais une marque promenée de case en case parmi d'autre emblèmes réitérés», essayant d'entendre, parfois d'étendre les règles du jeu (*Disc.*, 27).

Thomas Mann jouant avec les contradictions et les renversements, comme le fait Shakespeare dans ses comédies, illustre aux yeux de Yourcenar une loi fondamentale de l'imaginaire. Qu'il s'agisse des personnages mythiques, des figures d'artistes fictifs ou des écrivains réels de son œuvre critique, ils sont apparentés par une sorte de duplicité de leur entreprise. C'est la Phèdre de *Feux,* artiste du désespoir, qui dit vrai dans son imposture au moment où «elle s'invente joie par joie le viol dont elle accuse Hippolyte» (1054). Les ruptures de ton de la préface miment cette dualité, comme si la duplicité de l'avant-texte convenait à justifier celle du texte central. C'est encore le peintre Wang-Fô disparaissant à jamais «sur cette mer de jade bleu qu'[il] venait d'inventer» (1149), élevant la réussite de l'artifice au point d'y dissoudre son existence. Au contraire, chez Rembrandt, artiste rare, «l'artifice équilibre exactement le manque d'artifice» (*PE, EM*, 568). Mais même lui a dû parfois hésiter (*YO*, 235). Ce qui fait la richesse d'une œuvre est donc, bien plus qu'une notion épurée de la vérité, le jeu allant d'une limite à son opposé qui anime le drame de la création.

Alchimiste ou funambule ?

Pourquoi ne pas faire le portrait de l'artiste en alchimiste puisque l'opposition des contraires est un des grands principes à la fois de l'alchimie et de l'imagination, comme l'ont montré Carl Jung et Gaston Bachelard ? Yourcenar connaissait leurs œuvres, et elle s'était aussi constitué une érudition alchimique de première main. Dans la citation ci-dessus, elle interprète les dernières œuvres de Mann comme un travail alchimique, l'approche du mystère suprême auquel il faut donner son nom de «*MYSTERIUM MAGNUM*». L'alchimie est pour elle beaucoup plus qu'une métaphore. Dans *L'Œuvre au noir*, elle est tout autre chose qu'un simple support pour la reconstitution historique, c'est la forme même d'une quête longue et complexe. Ce roman accomplit une «littérarisation» du thème de l'alchimie, ce qui est très différent d'une utilisation métaphorique, comme l'a bien montré Geneviève Spencer-Noël.

La romancière . . . a procédé de façon alchimique pour parler d'alchimie. Le lecteur est baigné dans une lecture alchimique dès le début. . . . Sa méthode, extrêmement subtile, consiste aussi à «teinter» d'alchimie d'autres objets que le personnage principal lui-même. . . . Les sortilèges de ce symbolisme sont difficiles à oublier car il ne s'agit pas d'images choisies seulement pour leur esthétique : la verdeur de l'herbe, la tourbe de la forêt et le globe du soleil couchant ont pris, à tout jamais, une profondeur sémantique qu'ils n'avaient pas pour nous au départ.[1]

Dans une relation métaphorique, le terme qui fait image tend à éclairer celui qu'il déplace. Or l'alchimie ajoute ses mystères et ses arcanes, qui sont ceux d'une quête spirituelle englobant tout l'univers, à ce qui nous est le plus familier. «Oui, tout revient à l'alchimie», déclarait tranquillement Yourcenar dans la *Radioscopie* avec Jacques Chancel (juin 1979). Ce thème déjà très bien étudié chez Yourcenar ne me servira pas cependant à faire le portrait de l'artiste. Il est fondamental, complexe, profond mais aussi, comme elle le dit, trop chargé de «nos graves ignorances au sujet de ce qu'a été véritablement l'alchimie».[2] Je choisis pour cela une autre figure, celle de Sappho, qui est acrobate comme autrefois elle était poétesse, dont l'histoire est la dernière des neuf proses poétiques de *Feux* sous le titre «Sappho ou le Suicide». C'est un personnage infiniment moins développé que Zénon, et qui peut servir de guide allégorique sans être écrasant. Il ne s'agit pas seulement de corriger le lourd sérieux dont on veut trop souvent parer l'œuvre de Yourcenar, mais de développer une image négligée et en bien des sens complémentaire de celle de l'alchimiste. Celui-ci travaille dans la longue patience et dans la solitude de son antre, l'acrobate répète chaque soir «ses engagements d'étoile» devant « les bêtes du cirque qui la dévorent des yeux». Il travaille la matière, elle est «trop ailée pour le sol» (*OR,* 1125). Au contact de la matière, il travaille avec le temps, tandis qu'elle dessine dans l'espace avec son corps. De plus, l'alchimiste n'est-il pas toujours un homme, alors que Sappho participe des deux sexes ? De loin, «nue, pailletée d'astres, elle a l'air d'un athlète», de près, «drapée dans de longs peignoirs, on lui trouve l'air d'être déguisée en femme» (1126). Elle est à la fois plus graphiquement dessinée que l'alchimiste, et plus métaphorique («les bêtes la dévorent des yeux»). Créature de langage, elle réunit beaucoup de traits communs aux artistes yourceniens, comme celui de combiner le sens du jeu et le sens du danger mentionnés à propos de Thomas Mann.

---

1. *Zénon ou le thème de l'alchimie dans* L'Oeuvre au noir *de Marguerite Yourcenar*, A.G. Nizet, 1981, p.132.
2. Lettre de M.Yourcenar placée en tête de l'étude de Spencer-Noël.

Dans une lettre inédite du fonds Harvard, Yourcenar affirme avec é-
nergie que l'inspiration de «Sappho» est réaliste.[1] C'est un écho de la
préface de *Feux* où elle insiste sur le fait que «Sappho» est inspiré, *«issu»*
dit-elle «d'un spectacle de variété à Péra», et «écrit sur le pont d'un cargo
amarré sur le Bosphore» (1046), déclaration suivie d'une de ces
remémorations personnelles typiquement yourcenariennes où se mêlent
détails concrets, lectures et présences mythiques. Il est vrai qu'elle rattache
son personnage aérien à la fois aux réalités corporelles et au moment
historique, mais en modifiant considérablement les éléments réalistes.
Sappho met en œuvre ces puissances du corps, chères à Yourcenar, sans
lesquelles rien ne s'accomplit. Elle est certainement inspirée du trapéziste
«quasi ailé», ce Barbette dont la voltige et les travestissements ont fait les
délices de «la génération qui vers 1935 avait environ trente ans» (1045).[2]
C'est le poids de son cœur — métaphore du cœur lourd — qui «donne à
chacun de ses élans dans le vide la saveur mortelle de l'insécurité» (1126).
Ses exercices physiques extrêmement difficiles sont aussi extrêmement
stylisés, si bien que lorsqu'elle veut en finir, «la barre du trapèze change en
oiseau cet être fatigué de n'être qu'à demi-femme; . . . son adresse la
dessert». Voulant se précipiter du plus haut trapèze, elle est encore trahie
par la présence d'une lampe bleue qui renvoie son corps vers le filet, et elle
manque son suicide. Sa survie fait partie de son échec.

La figure de Sappho rattache l'œuvre de Yourcenar à l'esthétique moderne. Lorsqu'elle reprend le mythe (le livre est de 1935), le courant de
littérature sapphique qui a eu ses beaux jours au tournant du siècle est déjà
sur sa fin. Si elle y revient, ce n'est pas sous l'influence du groupe de
Nathalie Barney, qu'elle ne fréquentait d'ailleurs pas à ce moment-là. Elle
le transforme d'une manière tout à fait originale.[3] Pour mieux en faire un
emblème culturel de son temps, Yourcenar présente une Sappho vieillie. Ce
n'est pas tant de l'âge de la femme qu'il s'agit que de l'âge du mythe, de ce
que devient la poétesse antique dans «le monde international du plaisir d'en-
tre-deux guerres» (1044). Elle se l'approprie encore davantage par sa technique de superposition des périodes qui lui fait exploiter, comme elle

1. C'est une réponse à une jeune femme qui lui avait envoyé un article où elle interprétait
Sappho comme l'artiste en général et l'auteur en particulier. Il y a là en partie l'habituelle
méfiance de Yourcenar à l'égard de toute interprétation critique, mais aussi sa crainte d'une
réduction simplificatrice d'un personnage en symbole. Pour ma part, je cherche bien moins
à interpréter Sappho qu'à explorer les résonances de cette riche figure avec d'autres parties
de l'œuvre.
2. Sur Barbette, à peine mentionné par Yourcenar, voir Jean Cocteau, «Une leçon de
théâtre. Le numéro Barbette», *Nouvelle revue française* 154, 1926, pp.33-38.
3. Pour bien mesurer cette originalité, voir la très riche étude de Joan DeJean, *Fictions of
Sappho, 1546-1937*, Chicago : The University of Chicago Press, 1989.

l'explique, les comédies shakespeariennes pour l'incident du travesti. Cette Sappho est un condensé des acrobates et travestis de plusieurs siècles, elle est donc bien au-delà des oppositions d'identités sexuelles marquées dans le choix de ce qu'il est convenu d'appeler «amours sapphiques». C'est parce qu'elle n'est pas tout à fait féminine qu'elle adore dans ses compagnes «ce qu'elle n'a pas été», jusqu'à ce que, abandonnée par Attys, elle croie aimer le beau Phaon, dont le corps garde «juste assez de douceur féminine», en même temps qu'elle se prend à préférer «ces épaules rigides comme la barre du trapèze» (1130). Mais le soir où Phaon revêt un peignoir d'Attys, elle s'enfuit horrifiée, et de voir apparaître le fantôme «de la belle nymphe absente», et «d'avoir pu croire qu'un jeune homme existait» (1132). On ne peut mieux évoquer l'indécidabilité des signes érotiques. Tantôt jeune homme, tantôt jeune femme, cette Sappho qui n'arrive pas à mourir d'amour ne représente ni la «neutralité» sexuelle de l'artiste, ni la véritable androgynie, mais un balancement dont sa profession est la métaphore, dualité dans l'alternance des genres sexuels qui ajoute encore à la duplicité de l'artiste.

Yourcenar écrivant *Feux* se situe explicitement dans la lignée de Banville et de Degas. Cette partie de son œuvre aurait pu prendre place dans le *Portrait de l'artiste en saltimbanque* de Jean Starobinski, où il étudie la fascination particulière pour l'artiste de cirque qu'on trouve chez presque tous les novateurs de la période qui va du Romantisme jusqu'à notre début de siècle. De Musset à Henry Miller en passant par Baudelaire, Apollinaire et Picasso, le funambule et le clown sont devenus les figures allégoriques privilégiées dans lesquelles l'artiste aime à se refléter, aux antipodes de l'art dit sérieux. Ce choix a comme double effet, souligne Starobinski, de proposer une manière d'autoportrait et d'affirmer une liberté subversive par rapport aux valeurs établies. «Le jeu ironique a valeur d'une interprétation de soi par soi : c'est une épiphanie dérisoire de l'art et de l'artiste. La critique de l'honorabilité bourgeoise s'y double d'une auto-critique dirigée contre la vocation esthétique elle-même. Nous devons y reconnaître une des composantes caractéristiques de la «modernité» depuis un peu plus d'une centaine d'années.»[1] En évoquant des artistes de l'illusion et de la prouesse fugace, Yourcenar se situe à la fois par rapport à une tradition moderniste et dans la marginalité culturelle qui est la sienne.

Le jeu des préfaces

La formule, «Portrait de l'artiste en X », formule de déguisement et de déplacement d'identité, marque du malaise de l'artiste dans la période

1. *Portrait de l'artiste en saltimbanque*, Genève : Albert Skira, 1978, p.10.

moderne, a fait fortune à partir du *Portrait de l'artiste en jeune homme* de James Joyce. Après lui, Dylan Thomas a posé en «jeune chien», et Michel Butor en «jeune singe». A travers une métaphore picturale, ces titres semblent promettre une réponse à la double question de la genèse temporelle et de l'identité de l'artiste. Les peintres, souvent en avance sur les écrivains, tentent la même chose par leurs autoportraits successifs. Rembrandt ainsi suggère l'insaisissable unité de l'individu dans le temps en se peignant inlassablement aux différents âges de sa vie, d'abord dans les costumes et les attitudes de ses modèles bourgeois ou nobles, avant de se montrer sans apprêt, en homme simple, semblant seulement vouloir utiliser son visage comme mesure du passage du temps ou du changement de style. Dans son court article sur «*Deux Noirs* de Rembrandt», Yourcenar ne peut éviter de commenter ces autoportraits

> C'est ainsi qu'il a prouvé, comme personne avant ou après lui, l'incessant changement et l'incessant passage, les séries infinies qui constituent chaque homme, et en même temps, ce je ne sais quoi d'indéniable qu'est le *Soi*, presque invisible à l'œil, facile à oublier ou à nier, cette identité qui nous sert à mesurer l'homme qui change. *EM*, 568 [1]

Ce qui chez Yourcenar, est l'équivalent de la présence du peintre dans le tableau se trouve dans l'écriture préfacielle mentionnée au début de ce chapitre, avec cette différence que son autoportrait à elle n'est pas dans le tableau, mais retiré dans la partie liminaire de l'œuvre. «Il y a de courts moments où je dis *je* en mon propre nom, dans mes préfaces ou dans mes Carnets» (*YO*, 97). Ces *addenda*, en apparence secondaires par rapport aux œuvres majeures, fournissent à peu près les seuls fragments d'autobiographie directe que nous possédions en dehors des entretiens publiés. De plus ils contiennent les éléments d'une esthétique littéraire explicite. Mais on a un peu trop vite assemblé ces éléments pour définir toute la position esthétique de Yourcenar sans tenir compte du fait qu'ils participent du statut textuel ambigu de la préface ou de la "Note" lesquelles, coupant en deux parties la totalité d'un livre, conduisent à s'interroger sur l'unité du *je* qui écrit. Ces textes littéralisent un balancement entre le moi et le non-moi.

---

1. Le célèbre tableau de Vélasquez, *Las Meninas* , que Yourcenar aimait beaucoup, montre une autre manière de dispersion du moi, dans l'instantané du jeu des regards, plus complexe encore. Le peintre y est modèle en même temps que maître de la représentation. «Le tableau en son entier regarde une scène pour qui il est à son tour une scène.» Michel Foucault, *Les Mots et les choses*, Gallimard, 1966, p.21.

Au moment où Yourcenar s'y adonne, la préface d'auteur est devenue un genre tout à fait démodé parmi les romanciers.[1] Cette pratique toujours un peu suspecte, héritée de la rhétorique défensive ou didactique, a prospéré surtout dans le contexte des grands débats littéraires du passé. Si les écrivains contemporains ne préfacent plus leurs œuvres de fiction, sauf à des fins ironiques ou parodiques, ce n'est pas que les controverses se soient éteintes, mais c'est qu'elles passent désormais par d'autres lieux que la préface. C'est aussi que le mode d'existence du roman et de la littérature en général est perçu comme débordant la relation entre l'œuvre et son auteur. Lorsque Flaubert reprochait à Zola sa préface à *La fortune des Rougon* — parce que l'auteur ne doit pas livrer ses secrets de fabrication — lorsque Gide s'excusait de ne pas écrire de préface — parce qu'avant d'expliquer son livre aux autres il devait attendre que les autres le lui expliquent — tous deux finalement, dans ces désaveux plus ou moins sincères, jugeaient la préface extrinsèque à la littérature, soit qu'elle menace «l'impartialité» de l'œuvre, soit qu'elle limite la richesse de son interprétation. Ce refus de la préface est conforme à une conception moderne de l'écriture conçue comme dépassant les intentions de l'auteur et ouvrant un domaine de signification qui échappe en partie à son autorité.

Yourcenar, quant à elle, se veut indifférente aux remous des modes et des mouvements littéraires de son temps, malgré son affirmation que «tout livre porte son millésime» (*OR*,1044). Cette volonté d'indépendance, certainement liée à sa situation d'exilée à demi volontaire, se manifeste dans sa persistance à corriger ou ajouter préfaces et postfaces à toutes ses œuvres rééditées entre 1959 et 1982. Ces dates ont leur importance. 1959 suit de peu la publication de *Mémoires d'Hadrien*, le livre qui, en apportant la célébrité à son auteur, lui a permis de republier ses œuvres d'avant-guerre, mais aussi l'a rendue vulnérable en l'exposant aux interprétations diverses et aux attaques. La préface au *Coup de grâce* est peut-être une réponse aux intimations d'antisémitisme (Voir la note p. 20). Ces livres seront parfois considérablement corrigés, comme *Denier du rêve* qui ouvre la série en 1959. La date finale de 1982 s'explique aisément : c'est l'année de la parution de l'édition de la Pléiade, affirmée comme définitive, donc testamentaire. Il n'y aura plus d'addition après cela.

Bien qu'elle n'ait écrit que quatre préfaces proprement dites (pour *Le Denier du rêve*, *Alexis*, *Le Coup de grâce* et *Feux*), Yourcenar a multiplié

---

1.   Henri de Montherlant est une exception, et il est d'ailleurs frappant de constater une ressemblance d'allure entre ses préfaces et celles de Yourcenar. Son nom n'apparaît pas lorsqu'elle fait la liste de ses lectures et de ses influences pour Matthieu Galey, pourtant à parcourir la correspondance laissée aux archives de Harvard, on s'aperçoit que Montherlant était pour elle un contemporain très présent.

les «avant-propos», les «post-scriptum», les «examens» dans la tradition du théâtre classique, et enfin les «notes», tous textes qui non seulement sont écrits après coup, la date en fait foi, mais qui présentent des thèmes rhétoriques communs : pourquoi on doit faire crédit à l'auteur, comment lire ce texte et quelles questions ne pas lui poser. Mais il y a plus. Les préfaces à ses pièces de théâtre sont des essais sur le mythe grec reprenant des articles des années quarante. La «Note de l'auteur» qui suit chacun de ses deux romans historiques dépasse largement les limites de la référence érudite et devient un véritable essai sur les sources de chaque roman. En plus de sa «Note», *Mémoires d'Hadrien* et maintenant *L'Œuvre au noir* dans la toute dernière édition de la Pléiade, sont suivis d'un «Carnet de notes», textes semi-autobiographiques puisque ce sont des extraits du journal de l'auteur au cours des différents stades de la composition du roman. Pour compliquer les choses davantage, ces paratextes sont eux-mêmes parfois annotés. Enfin l'édition complète et définitive des romans dans la Pléiade (1982) ajoute encore un «Avant-propos» général, comme si la tâche d'établir le *texte central* — devenu alors les romans *plus* leurs préfaces et notes — dans sa version définitive exigeait une précaution supplémentaire. Le lecteur se trouve donc confronté à un réseau complexe de suppléments, presque toujours soigneusement datés, combinant la forme de la préface traditionnelle, la réflexion critique, le savoir de la note d'érudition, et l'information autobiographique. C'est un peu l'impression que donnerait une ville fortifiée entourée d'enceintes successives élevées à différentes époques. Avant même d'étudier le contenu des préfaces, nous sommes confrontés à un geste d'écriture nettement didactique et, par certains côtés, défensif. C'est une sorte de «fortification littéraire,» pour reprendre le titre d'un ouvrage de Joan DeJean qui précisément voit dans le classicisme français l'origine de pratiques équivalentes sur le plan littéraire à la construction des forteresses militaires dessinées par Vauban.[1]

Le système de protection édifié par Yourcenar autour de ses œuvres est d'abord, par le contenu de son message, une affirmation de maîtrise et de connaissance. Dans «Histoire et examen d'une pièce», elle manifeste la générosité d'un auteur acceptant de partager son savoir avec ses lecteurs :

> Mon but est d'offrir aux rares personnes qui souhaiteraient les posséder ce genre d'information que j'ai moi-même souvent désiré avoir sur des œuvres qui m'avaient plu, ou, au contraire, déconcertée. D'où viennent ces personnages et ces incidents, choisis, comme ils le sont tous, dans l'immense série des personnages et des incidents possibles? Quelles règles du jeu l'auteur a-t-il adoptées ou a-t-il décidé d'enfreindre?

---

1. *Literary Fortifications. Rousseau, Sade, Laclos*, Princeton : Princeton University Press, 1984.

De quelle sémantique, personnelle ou non relève le langage qu'il a voulu ou dû employer? *Th.I*,10

Mais la mise en œuvre de ce programme, clair et simple en apparence, n'est pas toujours possible. Certains récits mûrissent lentement, comme ceux qui ont évolué à partir de la première idée d'un grand roman qui devait s'intituler *Remous*, et dont une version, détruite, remonte aux années vingt. De là sortiront les trois nouvelles de *La Mort conduit l'attelage* en 1934, l'une d'elles devant servir de «noyau» à *L'Œuvre au noir* alors que les deux autres seront reprises, en version définitive, dans les trois nouvelles de *Comme l'eau qui coule* (1981). La «Postface» à la troisième d'entre elles, «Un homme obscur», révèle la complexité de cette genèse et la résume dans une phrase saisissante.

Toute œuvre littéraire est ainsi faite d'un mélange de vision, de souvenir et d'acte, de notions et d'informations reçues au cours de la vie par la parole ou par les livres, et des raclures de notre existence à nous. *OR*, 1036

Cet ensemble d'éléments hétéroclites venus du monde extérieur, dévalués du fait de s'être accumulés au hasard du temps et d'être réunis en un «mélange,» ne sont même pas relevés par l'apport de la vie personnelle. Celle-ci est représentée par le mot de «raclures», petites bribes détachées à la suite de quelque chose comme un travail. Le pessimisme de l'auteur ne porte pas sur la valeur du produit fini, seulement sur la possibilité d'en définir la composition et d'en retracer exactement les sources. Son contrôle sur la signification de l'œuvre n'est en rien diminué. La «Postface» se termine par une clôture péremptoire, «[i]l n'y a rien d'autre à dire sur Nathanaël» (1037). Reste qu'il existe une différence considérable, quant au mystère de la création, entre les quatre préfaces et les «avant-propos» du *Théâtre* (1959-1971) d'une part, et les postfaces tardives d'autre part. Dans ces dernières, Yourcenar donne l'impression d'assouplir son système défensif et de dire «je» plus volontiers. Mais en même temps, elle dilue l'importance du moi dans la description d'un flux créateur beaucoup plus vaste. On serait passé «du nageur à la vague», mot qu'elle attribue à Hadrien, qu'elle reprend à son compte et dont elle retrouve l'esprit chez Roger Caillois (*EM*, 545). Ce changement correspond au tournant de pensée que Yourcenar évoque dans la préface à *La Petite Sirène* comme un processus douloureux et caractérise comme un «passage de l'archéologie à la géologie, de la méditation sur l'homme à la méditation sur la terre» (*Th.I*, 146). C'est le moment où elle paraît s'abandonner à un mode de création qui échappe en partie à son contrôle, et reconnaître que l'écriture fait intervenir d'autres forces que celles de la volonté lucide. Elle y parle de lentes germinations, de transmissions mystérieuses venant de ces «disparus que nous portons dans nos fibres» (*OR,* 1029).

Au contraire, les premières préfaces affichent un désir de maîtriser les relations entre le sujet de l'œuvre et le «choix» d'un style. A part quelques variantes d'ordre et d'accentuation, elles suivent toutes le même programme. Il s'agit de préciser le moment de la première composition, les étapes et les raisons de la réécriture, d'expliquer le choix du sujet et de la forme la mieux appropriée, souvent de rappeler les traitements précédents du même sujet. C'est le projet, didactique par excellence, de donner ce qu'elle appelle la «genèse», ou le «cadre» du récit. Cette dernière métaphore qui spatialise le temps en évoquant le geste d'enclore un texte dans le récit de son engendrement est la marque de cette volonté de contrôle total. Annonçant souvent la fin de sa réécriture, précisant que les versions précédentes du livre sont dépassées, que les premières ébauches ont presque toujours été détruites, Yourcenar, tout en affirmant sa volonté de faire coïncider genèse et interprétation, semble vouloir retirer aux chercheurs de l'avenir la possibilité d'une critique génétique autre que la sienne. «C'est pour sa valeur de document humain (s'il en a) et non politique, que *Le Coup de grâce* a été écrit, et c'est de cette façon qu'il doit être jugé» (83), écrit-elle dans la préface la plus troublante par la vigueur de sa dénégation, puisque elle nous demande d'ignorer le cynisme et la misogynie du narrateur au nom de l'authenticité de l'anecdote. Lorsqu'elle emploie le vocabulaire de l'intention et de la volonté («Mon intention n'était pas en écrivant ce livre . . . « [80], «Une des raisons qui m'a fait choisir . . . [82]), c'est pour poser les grandes lignes de son projet en lois pour la lecture. La conclusion déjà citée, «Il n'y a rien d'autre à dire sur Nathanaël,» s'adresse aux lecteurs, comme pour confiner toute interprétation à une paraphrase de la préface. Elle ne diminue en fait le pouvoir du lecteur que si on prend la préface à la lettre, c'est-à-dire comme un métatexte définitif. Mais l'énergie même de son interdiction invite à une autre lecture.

Toutes ces affirmations d'autorité ne parviennent pas à recouvrir la subversion qui se joue dans le texte préfaciel, avec ou sans la complicité de l'auteur. Une préface est toujours un texte plus ou moins honteux, qui, s'il ne s'excuse pas explicitement d'exister, paraît écrit en vue de son propre effacement. Yourcenar n'échappe pas à la règle, notant son regret d'avoir à dire «ce qui devrait aller de soi», ou écrivant, à propos de *Feux,* que «l'ouvrage ne nécessite comme tel [comme produit d'une crise passionnelle] aucun commentaire» (1033). La nécessité de la préface est donc loin d'être immédiatement évidente. En effet, le geste d'enfermer un texte dans un autre texte qui affiche une ambition d'être le dernier mot est miné par la logique même de sa métaphore. L'image du «cadre», comme la notion de limite, jouit et souffre en même temps d'une position indécidable. Car où commence, où finit le texte littéraire ? Du roman et de la préface, lequel éclaire et justifie l'autre ? Lequel doit être lu en premier ? La préface, divisant le livre en deux parties, se pose à l'extérieur de la structure formelle du texte de fiction, mais prétend rester en même temps à l'intérieur de sa structure sémantique, puisqu'elle l'annonce. «Opération essentielle et dérisoire», dit Jacques Derrida, qui illustre brillamment les paradoxes de la préface dans un «Hors-livre» faisant néammoins partie de son livre *La Dissémination*. «Une préface existe-t-elle ? . . . Précédant ce qui doit pouvoir se présenter soi-même, [elle] tombe comme une écorce vide et un déchet formel, moment de la sécheresse ou du bavardage, parfois l'un et l'autre ensemble».[1] Pour revenir au *Coup de grâce*, rendre la préface «inséparable» du texte — Yourcenar insiste sur ce point pour toutes les préfaces de romans — ne fait qu'ajouter les dénégations de l'auteur à celles du narrateur.

Le paradoxe de la préface rejaillit toujours sur l'esthétique qu'elle formule, attirant l'attention sur ce que peut avoir de dérisoire l'affirmation d'une autorité qui, au contraire du mouvement, démontre sa non-existence en s'exerçant. Yourcenar participe à cette déconstruction en insistant sur la dissociation des moments d'écriture et de lecture. Les principes d'harmonie entre forme et fond ou entre l'homme et la nature, tout ce qui fait dire à l'empereur Hadrien que l'art de son époque est parfait (*OR*, 388), apparaissent dans les préfaces dotés du caractère paradoxal de l'intention rétrospective saisie dans un moment de pause réflexive. De même que n'importe quelle trace du passé, ses livres sont souvent relus «comme s'il s'agissait de l'ouvrage d'un autre» (164). Ce n'est qu'après des reconstructions qui rendent «presque impossible, même à l'auteur», de discerner le nouveau de l'ancien, que le livre peut recevoir, comme un second bulletin de naissance, la signature de la préface. Nous sommes très loin de la superbe assurance de Balzac affirmant, dans l'avant-propos de *La Comédie humaine*, «j'écris à la lumière de deux vérités éternelles: la Religion, la Monarchie . . .»,[2] rassemblant ainsi, dans le présent du verbe *j'écris*, à la fois le moment historique de l'écriture, l'origine et l'orientation future de son œuvre, et le sujet de l'acte et du projet. Les préfaces de Yourcenar montrent au contraire des moments d'écriture dispersés au long de son histoire et de l'histoire. C'est la lecture qui permet de ressaisir une continuité intentionnelle dans le miroir constitué par le livre. «J'écris» ne peut être dit que d'une réécriture, dépendante elle-même d'une relecture. Non seulement le sujet qui écrit dans

1. Editions du Seuil, 1972, p. 15.
2. Ed. La Pléiade, 1976, vol. I, p.13.

le présent de la préface est distant de l'écrivain passé, mais il est aussi toujours divisé entre auteur et lecteur.

Contrairement à un texte «classique,» ce discours ne fonde donc pas son autorité sur l'unité de sa source subjective, comme la philosophie cartésienne sur le *je pense*. Au commencement est le livre. «*Alexis ou le traité du vain combat* parut en 1929; il est contemporain d'un certain moment de la littérature et des mœurs» (*OR*, 3). Yourcenar note la parution d'un roman de la même manière qu'elle mentionne sa propre naissance au début de *Souvenirs pieux,* évitant dans chaque cas les phrases traditionnelles de l'autobiographie, telles que «je suis née» ou «j'ai écrit ce livre». «L'être que j'appelle moi vint au monde un certain lundi 8 juin 1903, vers les 8 heures du matin . . . » (*EM*, 707). Ce jeu des pronoms personnels souligne la dispersion des aspects du moi et plus encore le caractère tardif et construit de l'identité personnelle. «Que cet enfant soit moi, je n'en puis douter sans douter de tout.» A l'inverse de la démarche cartésienne qui dit : je peux douter de tout, sauf du *je pense*, Yourcenar dit : je ne peux pas douter de moi *parce que* je ne peux pas douter de tout. Le monde est plus certain que l'unité du sujet. Le temps est d'abord vécu comme facteur de distanciation et de dissociation de l'expérience subjective, si bien que la mémoire personnelle doit faire appel aux mêmes méthodes que la mémoire historique pour triompher du sentiment d'irréalité que donnent les images du moi dans le temps.

Yourcenar auteur de préfaces se présente ainsi de la même façon que l'Académicienne. «Ce moi incertain et flottant, cette entité dont j'ai moi-même contesté l'existence, et que je ne sens vraiment délimité que par les quelques ouvrages qu'il m'est arrivé d'écrire, le voici. . . . » (*Disc.*, 10). A défaut de se situer dans le sujet, l'origine de la fiction se trouve déplacée du côté du monde réel, des personnages historiques, des occurrences et anecdotes «authentiques». Mais là encore, Yourcenar se refuse à toute formulation unifiante. Elle fragmente la notion d'origine en diversifiant à l'extrême les termes de commencement: «point de départ», «parution», «produit», etc. Les événements extérieurs, les rencontres de hasard avec des personnes, des documents ou des monuments, la relecture de ses premiers fragments, la convergence entre une anecdote et une forme littéraire peuvent également jouer le rôle de point de départ, et cela à n'importe quel point de la chaîne temporelle.

A vouloir tant dater, éclairer les choix, raconter la genèse, les préfaces ajoutent un trouble de lecture, en ce qu'elles superposent plusieurs temporalités : la continuité de la durée créatrice, la différence irréductible des moments de création, et ce présent intemporel de l'existence de l'œuvre où s'abolissent les deux dimensions précédentes. Elles imposent une lecture au moins double, caractéristique de la sensibilité esthétique moderne.[1] Yourcenar avait raison de décréter, dans sa bibliographie de l'édition de la Pléiade, chaque préface inséparable du livre, car ces paratextes ne sont pas des métatextes. Ces jeux avec le temps sont au cœur de son écriture.

Oeuvres de jeunesse

Cette mise en scène de la création littéraire, ce drame heurté qui aboutit à la présentation de l'œuvre datée et signée fait apparaître divers éléments entrant en compétition pour le premier rôle. Est-ce le métier (ce mélange d'expérience artisanale, de méthode et de connaissances) qui compte le plus dans l'accomplissement final, ou est-ce simplement *l'expérience*, le temps qui passe et qui fait mûrir, ou qui apporte des rencontres ? L'expression *œuvre de jeunesse* a-t-elle un sens ? Yourcenar l'emploie surtout négativement («*Feux* n'est pas à proprement parler un livre de jeunesse» [1043]; «*Anna Soror...* n'est pas une œuvre de jeunesse republiée telle quelle» [1030]). Pour qu'il y ait véritablement œuvre, il faut semble-t-il que s'accomplisse une véritable symbiose entre le thème et la forme, rarement atteinte du premier coup. L'examen des jugements que Yourcenar porte sur ses premiers écrits est révélateur des lignes de force de son imaginaire et de ses choix esthétiques, mais aussi de la manière dont elle voit la création littéraire dans le temps. Parmi ces écrits, il y a ceux qu'elle détruira — et il semble qu'elle ait beaucoup détruit — ceux qu'elle désavouera avec plus ou moins de sévérité bien qu'ils aient été publiés, comme *La Nouvelle Eurydice,* ceux qu'elle republiera en les corrigeant. C'est le cas de *Denier du rêve* pour lequel elle refusera pourtant le terme de réécriture. «Reprendre un sujet», dit-elle dans un entretien de 1984, «n'est pas la même chose que réécrire. C'est une manière d'enrichir et d'approfondir un thème quand on s'est soi-même enrichi entre temps».[2] C'est ce qui est arrivé à certaines premières versions dont il ne reste rien sinon peut-être un personnage, une phrase («Je commence à apercevoir le profil de ma mort» dans *Mémoires d'Hadrien*), ou une image (la métaphore aquatique qui passe de *Remous* à *Comme l'eau qui coule*). Puis il y a les ouvrages dont elle dit, comme de *Feux*, que ce n'est «pas à proprement parler un livre de jeunesse» (1043), mais seulement celui d'un écrivain encore jeune (1045).

«J'étais trop jeune. . . ». Cette remarque, Yourcenar la répète souvent à propos de ses premiers essais littéraires. Mais il y a deux sortes d'échec de

1. Voir Ross Chambers, *Mélancolie et opposition. Les débuts du modernisme en France,* José Corti, 1987, pp.22 sq.
2. «La bienveillance singulière de Marguerite Yourcenar», entretien avec Josyane Savigneau, *Le Monde,* 7 décembre 1984, p.25.

jeunesse, soit du type de *La Nouvelle Eurydice,* lorsque la forme tue le sujet par excès de littérature, ou du type du premier *Hadrien*, lorsque le sujet excède les capacités de l'auteur. Il faut approfondir, dit-elle, impliquant qu'il y a une maturité optimale pour la compréhension d'un sujet et son écriture. Il est donc nécessaire que passe du temps. On a beau faire, il faut attendre que le sucre fonde, écrivait Bergson.[1] Mais le temps porterait-il à lui seul sa charge de fécondité s'il n'y avait le premier acte imprudent et peut-être impudent d'écrire quand on est trop jeune ? Cela laisse parfois «quelque honte d'avoir jamais tenté chose pareille» (Cn *MH,* 522), mais aussi la reconnaissance qu'il peut y avoir dans ces audaces un jaillissement qu'il faut respecter. A propos d'«Anna Soror...», récit considérablement corrigé de l'amour incestueux entre un frère et une sœur, Yourcenar identifie, dans la version de 1925, «je ne sais quelle source qui était en moi» («Postface» *OR,* 1030). Le premier risque doit être pris, puisqu'il faut bien commencer. C'est dans un livre de jeunesse qu'on trouve cette belle définition : «La Jeunesse : le mot grec signifie aussi l'heure. Cette confusion volontaire dans une langue aussi nette a le charme d'un raffinement. La race la plus jeune qui fût proclamait ainsi que cette heure irréparable est la meilleure, l'unique, la divine» (*Pindare, EM,* 1472). Ne faut-il pas entendre dans «irréparable» l'écho du vieux verbe «repairer,» au sens de retourner ?

La première version d'*Hadrien* n'a pas vraiment été un échec, puisque le projet est resté en sommeil pendant de longues années.

> En tous cas, j'étais trop jeune. Il est des livres qu'on ne doit pas oser avant d'avoir dépassé quarante ans. On risque, avant cet âge, de méconnaître l'existence des grandes frontières naturelles qui séparent, de personne à personne, de siècle à siècle, l'infinie variété des êtres, . . . Il m'a fallu ces années pour apprendre à calculer exactement les distances entre l'empereur et moi. 521

Non seulement mûrir, mais apprendre. «Tout apprendre, tout lire, s'informer de tout», dira-t-elle plus loin (528). C'est ce qui fera la moitié de la méthode de Yourcenar, dansant d'un pied sur l'autre du délire à la science. «Un pied dans l'érudition, l'autre dans la magie» (526). Dans les mêmes «Carnets de notes» de *Mémoires d'Hadrien,* elle a cependant cette phrase étonnante, empruntée à la sagesse populaire : «Le temps ne fait rien à l'affaire» (528). D'une certaine façon, le temps n'est jamais totalement *perdu.* Le temps passé ne nous empêche pas de rejoindre, de comprendre, de hanter nos semblables disparus. Nous avons pour cela des «passerelles» ou des «bouées». Toutes les acquisitions d'une longue patience érudite, exercée dans un devenir qu'on ne peut pas brusquer, sont des «jalons sur la route de retour vers un point particulier du temps» (528). C'est alors

---

1. *L'Evolution créatrice*, PUF,1947, p.9.

«qu'on peut rétrécir à son gré la distance des siècles», et affirmer, mais seulement après avoir traversé un océan de différences, une communauté «de substance» ou de «structure humaine» (529). Si le temps ne fait rien à l'affaire, c'est donc qu'on peut affirmer une identité, c'est que les jeux avec le temps doivent permettre de retrouver *le même*, alors que l'érudition nous apprend à respecter les différences.

Il y a aussi des livres écrits trop tôt pour la première raison que j'ai mentionnée, «ratés» par excès d'amour pour la littérature. L'artiste est toujours d'abord un «jeune singe» et tout commencement est forcément un geste d'imitation. Yourcenar a beau jeu de dénoncer les influences formelles qui pèsent lourdement sur ses premiers poèmes, celle de Victor Hugo sur *Le Jardin des chimères* et d'«un peu tous les poètes de la fin du XIXe siècle» sur *Les Dieux ne sont pas morts* (YO, 52-53). Quant au sujet du poème, dit-elle de sa toute première œuvre, «j'imaginais un Icare de mon âge, non pas épris d'aviation, mais éperdu d'adoration pour ce soleil dont il voudrait s'approcher» (53).[1] L'ironie amusée de ces remarques vise non seulement l'absence de métier de ces «travaux précoces d'adolescents trop pressés d'écrire», mais aussi l'audace de s'attaquer à des thèmes trop ambitieux. Il y avait déjà une évocation de la Villa Adriana dans *Les Dieux ne sont pas morts*, parmi ces poèmes naïvement littéraires. Dans sa première tentative, nécessaire, et nécessairement vouée à la chute, Icare est le premier acrobate de Yourcenar, incarnant lui-même une tentative folle et son échec.

Ces jugements ne sont pas le procès de l'influence en littérature. Yourcenar pourrait sans doute souscrire à nombre de remarques de Gide sur la manière dont ce qui nous vient d'autrui nous permet en fait d'être plus originalement fidèles à nous-mêmes.[2] Victor Hugo par exemple ne cessera de lui fournir de belles formules, telles que «le temps, ce grand sculpteur», «le cerveau noir de Piranèse». *Le Labyrinthe du monde* est le titre même du livre de Comenius, de 1623, traduit par son père et retravaillé par elle, titre aussi d'une œuvre musicale d'Egon de Reval (en réalité de Vietinghoff), qui tient une place importante dans les chroniques familiales. D'œuvre à œuvre et de la vie à l'œuvre, le langage fait circuler des sortes de mots de passe, ou transmet des «jalons», à tel point qu'on pourrait peindre l'artiste comme un traceur de labyrinthe, un Dédale. Ce n'est donc pas l'influence qui est en cause dans l'échec, mais bien

---

1. Pense-t-elle au moment de ces *Entretiens*, au poème d'Apollinaire, «Zone», paru peu avant son *Jardin des chimères*, et où se trouvent les vers, «C'est le Christ qui monte au ciel mieux que les aviateurs/Il détient le record du monde pour la hauteur» ? *Alcools*. Gallimard, 1947/1920, p.9. Autre écho d'Apollinaire, intégré au texte cette fois : «un soir de demi-brume à Londres» (AN, 1075), qui vient de «La Chanson du Mal-Aimé» .
2. Voir *De l'influence en littérature*, Petite collection de l'Ermitage, 1900.

l'incapacité à la reconnaître et à l'intégrer. C'est la malédiction de *La Nouvelle Eurydice*, ce roman de 1930, «infiniment raté» et par le choix du sujet et par la forme. «Cela aurait dû être un roman d'influences, montrant le jeu des influences sur un être jeune, mais je m'étais dit : «Non, il faut arranger cela pour en faire un *vrai roman*». A l'époque, je n'étais pas capable de rester dans cette réalité nue. . . . C'était un livre extrêmement littéraire, et j'entends le mot comme un blâme» (*YO*, 82).

Poursuivant la même ligne de critique, Bruno Tritsmans a récemment souligné les multiples renvois au code littéraire et «les tentatives d'esthétisation avortées», trop fréquents dans ce récit qui finit par succomber sous la mauvaise conscience de son narrateur.[1] «A l'époque *je n'étais pas capable* . . .», l'expression implique que l'auteur aurait acquis plus tard cette capacité, elle aurait donc progressé dans le sens du dépouillement de l'artifice. Mais est-ce à dire qu'elle s'est approchée de «la *réalité nue*?» Au lieu d'un roman d'influences, Yourcenar a écrit en 1930 un roman de quête, transposant sa propre quête d'une femme disparue, autrefois aimée par son père (Jeanne de Vietinghoff) dans le récit d'un jeune homme cherchant la vérité sur la femme de son ami après la mort de celle-ci. Pour nous qui confrontons ce roman à *Quoi ? L'Eternité*, où se trouvent les sources authentiques de *La Nouvelle Eurydice*, bien d'autres questions se posent autour de la leçon de ce récit manqué. Elles porteraient en particulier sur l'alibi du mythe d'Eurydice plaqué sur une histoire réelle, et sur les déplacements, a la fois d'identité sexuelle et de génération, que subissent les trois protagonistes. L'excès de littérature qui gâche le récit tient autant à la charge affective de sa source vécue qu'à l'inexpérience de l'auteur.

La question du style

Au contraire de ce roman surchargé d'artifice, *Feux*, qui date de la même époque, livre né lui aussi d'un épisode de la vie de l'auteur, le moment brûlant d'un désespoir d'amour, illustre une intégration réussie. Pourtant, il n'est pas davantage dans «la réalité nue,» il est au contraire dans «l'expressionnisme baroque» le plus poussé, même si l'auteur parle à son propos d'aveux ou de franchise arrogante. Selon la préface, l'expression des sentiments y est soit directe, mais alors elle se fait «cryptiquement, par des *pensées* détachées», soit indirecte, dans des «narrations empruntées à la légende ou à l'histoire et destinées à servir au poète de supports à travers le temps» (1043). Il en résulte un livre étrangement composite, comme l'a souligné Daniel Leuwers. «*Feux* se situerait-il à l'intersection du poème

1. «Opposition et esquive dans *Alexis* et *La Nouvelle Eurydice*», *Bulletin de la S.I.E.Y.* 5, novembre 1989, pp. 1-14.

naissant et du récit engagé — le récit visant à tuer dans l'œuf le poème, et le poème aspirant à provoquer le récit, à l'ébranler pour mieux le relancer ?»[1]

L'aveu ne peut être que fragmenté, suivant la loi du temps, mais aussi suivant la loi de l'inadéquation du langage à la vie mentale. Les narrateurs de Yourcenar ne cessent de développer ce motif et en particulier Alexis, le musicien de son premier roman, dont le nom pourrait signifier littéralement la négation ou la perte de la parole. Pourtant Alexis et Eric von Lhomond ont trouvé l'artifice adéquat pour que les distances temporelle et spatiale avec les événements qu'ils racontent, et avec leurs interlocuteurs, jouent en leur faveur. Le style d'une lente remémoration, écrite dans le premier cas, ou parlée dans la semi-solitude d'une nuit de gare par Eric, convient à l'approximation d'une vérité intérieure. Après ces récits à la française, dont la langue très coulée dément la difficulté de *dire* qui est un de leurs thèmes, *Feux* se rapproche beaucoup plus de l'esthétique moderniste, car la fragmentation de l'aveu y est mimée par le style. Le passage suivant de la préface, dans lequel Yourcenar élargit sa réflexion sur le style, mérite d'être cité longuement.

> Stylistiquement parlant, *Feux* appartient à la manière tendue et ornée qui fut mienne durant cette période, alternativement avec celle, discrète presque à l'excès, du récit classique. . . . Je tiens à dire que l'expressionnisme presque outré de ces poèmes continue à me paraître une forme d'aveu naturel et nécessaire, un légitime effort pour ne rien perdre de la complexité d'une émotion ou de la ferveur de celle-ci. Cette tendance qui persiste ou renaît à chaque époque dans toutes les littératures, en dépit des sages restrictions puristes ou classiques, s'acharne, peut-être chimériquement, à créer un langage totalement poétique, dont chaque mot chargé du maximum de sens révélerait ses valeurs cachées comme sous certains éclairages se révèlent les phospho-rescences des pierres. Il s'agit toujours de concrétiser le sentiment ou l'idée dans des formes devenues en elles-mêmes précieuses (le terme est en soi révélateur), comme ces gemmes qui doivent leur densité et leur éclat aux pressions et aux températures presque insoutenables par lesquelles elles ont passé, ou encore d'obtenir du langage les torsions savantes des ferronneries de la Renaissance, dont les entrelacs compliqués ont d'abord été du fer rouge. 1047

La justification des choix stylistiques est d'abord historique : l'al-ternance dans sa carrière d'un style baroque et du «récit classique» reproduit celle des moments de la littérature. Suit une apologie de l'excès d'expression, seule conforme à la «ferveur» de l'émotion. Le mot expressionnisme retrouve alors son sens littéral. Il n'y aurait pas de traduction possible de l'émotion par la parole sans tension et intensité du style, *le langage n'étant pas fait pour l'expression adéquate des sentiments*, comme Yourcenar l'affirme souvent ailleurs. Et enfin elle expose sa

---

1. «Feux et contre-feux», dans *Marguerite Yourcenar. Une écriture de la mémoire*, Sud, 1990, p. 249.

recherche d'un langage poétique, qui n'est pas sans rappeler la préface de Baudelaire au *Spleen de Paris*. Mais alors que Baudelaire rêvait d'une prose poétique qui épouserait tous les mouvements de l'âme par sa vertu musicale indéfinissable, Yourcenar cherche un pouvoir suggestif d'un autre ordre, par la concentration et l'accumulation métaphorique, dans l'ordre sémantique plutôt que syntagmatique. Les expressions telles que «chaque mot chargé du maximum de sens», «concrétiser», «densité» se renforcent mutuellement, si bien qu'on doit rapporter le moderne «concrétiser» au doublet ancien de «concret,» *concretus* (condensé, non fluide), ce qui lui donne une valeur alchimique. La dernière phrase du passage procède par démonstration directe, surchargeant l'image de la gemme — les pressions et températures géologiques qui l'ont produite étant alors métaphore de la passion qui produit l'image — et la doublant d'une autre image, celle des entrelacs de fer forgé, eux aussi fils du feu. Les merveilles de la nature et les prouesses de l'art humain servent tous deux de pôle métaphorique à cette description du style qui permet, comme elle le dit à propos de Roger Caillois, de passer du sentiment à la pierre «précieuse», en évitant «les bavures de l'émotion humaine» (*EM*, 537).

> Ce qu'on peut dire de pis de ces audaces verbales est que celui qui s'y livre court perpétuellement le risque de l'abus et de l'excès, tout comme l'écrivain voué aux litotes classiques frôle sans cesse le danger de sèche élégance et d'hypocrisie. 1047

Si l'on rappelle que tout le livre est sous le signe de la passion du spectacle, la coda de ce paragraphe ne peut manquer d'évoquer les audaces du funambule marchant sur un fil entre deux abîmes. Nous revenons à cette image princeps de l'artiste qui doit courir des risques, frôler le danger, pour capter une nouvelle beauté. Tout style joue avec sa propre mort, en frôlant l'excès et la démesure. Il y a même une démesure de la mesure dans les abus du classicisme.

Le cœur des choses

L'art ne transpose pas seulement le monde des émotions humaines, mais aussi l'expérience du monde extérieur. Les deux expériences sont d'ailleurs étroitement liées. Comme pour Marcel Proust, comme pour Rainer Maria Rilke, la contemplation passionnée des choses soutient la méditation sur le temps et le projet créateur. Certes pour le narrateur de *A la recherche du temps perdu*, la remémoration personnelle est essentielle à la découverte et à l'accomplissement de sa vocation d'écrivain, alors que l'univers de Yourcenar est plus ouvert sur le cosmos, et de plus en plus au fur et à mesure que son œuvre avance.

Dans les moments extrêmes où un spectacle naturel entraîne les personnages de Yourcenar vers une véritable extase, ils éprouvent leur union avec un monde qui n'a plus rien de social. Ce n'est pas l'art, musique ou peinture, qui leur sert de médiateur avec le monde sensible, ils trouvent le contact sacré au terme d'un dépouillement. C'est le cas d'Hadrien au cours de la nuit qu'il «sacrifie» aux constellations au milieu du désert syrien. «J'ai essayé de m'unir au divin sous bien des formes; j'ai connu plus d'une extase; il en est d'atroces; et d'autres d'une bouleversante douceur. Celle de la nuit syrienne fut étrangement lucide. Elle inscrivit en moi les mouvements célestes avec une précision à laquelle aucune observation partielle ne m'aurait permis d'atteindre. . . . La nuit syrienne représente ma part consciente d'immortalité» (403). C'est aussi le cas de Zénon lors d'un bain matinal dans la Mer du Nord. «Nu et seul, les circonstances tombaient de lui comme l'avaient fait ses vêtements. Il redevenait cet Adam Cadmon des philosophes hermétiques, placé au cœur des choses, en qui s'élucide et se profère ce qui partout ailleurs est infus et imprononcé» (766).

Mais le texte yourcenarien ne cherche jamais, même dans ces moments d'extase matérielle, à créer l'illusion d'un retour à la nature brute. L'idée d'un milieu purement naturel n'a pas de sens. («Dans les forêts américaines où l'on peut marcher, des jours durant, sans rencontrer âme qui vive, il suffit du sentier tracé par un bûcheron pour nous relier à toute l'histoire» [*EM*, 533].) Ce sont des extases préparées par une ascèse d'hommes cultivés, informées par des réflexions savantes. C'est l'art, ou *ars* des philosophes et des kabbalistes, qui les rapproche de la nature. La simplicité, le contact avec le primordial, la capacité de dépouillement est en fait un art suprême.

Pourtant, comme elle a aspiré à rester, sinon proche, du moins fidèle, à «la réalité nue» dans l'expression des sentiments, Yourcenar cherche aussi à approcher «la nudité des choses». C'est un de ses personnages tardifs, le protagoniste de la nouvelle *Un homme obscur,* complètement récrite en 1979 à partir d'une ébauche de 1934, qui semble être le véritable héros de la vie simple et du contact avec l'élémentaire. Nathanaël est, comme elle le souligne dans sa postface, une sorte d'anti-Zénon, «à la fois endurant et indolent jusqu'à la passivité, quasi inculte, mais doué d'une âme limpide et d'un esprit juste qui le détournent, comme d'instinct du faux et de l'inutile» (1033). «Quasi inculte,» c'est-à-dire pas tout à fait inculte. La manière dont Yourcenar se sent obligée de justifier son personnage est révélatrice.

Nathanaël est de ceux qui pensent presque sans l'intermédiaire des mots. . . . Encore fallait-il pour écrire ce récit que cette méditation quasi sans contours fût transcrite. Je n'ignore pas que *j'ai triché* en donnant à Nathanaël sa mince culture reçue d'un magister de village, lui fournissant ainsi, non seulement la chance d'occuper chez son oncle . . . un emploi mal payé, mais encore de relier entre eux certaines notions et certains concepts : ces quelques bribes de latin, de géographie et d'histoire ancienne lui servent comme malgré lui de *bouées* dans le monde de flux et de reflux qui est le sien; il n'est pas tout à fait aussi ignorant ni aussi démuni que j'aurais voulu qu'il le fût... . Reste ... le quasi autodidacte ... se méfiant instinctivement de ce que les livres qu'il feuillette, les musiques qu'il lui arrive d'entendre, les peintures sur lesquelles se posent parfois ses yeux ajoutent à *la nudité des choses*. 1037 (C'est moi qui souligne).

Ce passage capital montre que le dilemme de l'art est toujours le même : comment mesurer le nécessaire artifice entre la fidélité au réel, que Yourcenar appelle ailleurs «authenticité» et ici « la nudité des choses», et les envolées de l'invention. Deux désirs contradictoires se rencontrent, celui du contact immédiat avec l'élémentaire que Yourcenar partage avec bien d'autres artistes et philosophes (premier homme né d'une émanation de la lumière divine, Robinson en face d'une nature vierge, quête des données immédiates), et le désir de peindre, de «montrer», avec ce que comporte de plaisir et de frustration le jeu des médiations.[1] Aucune vie ne peut se raconter, aucune histoire ne peut se former sans un minimum de ces points de repère culturels que Yourcenar appelle des «bouées», signaux flottants qui permettent de se situer sur l'eau, image familière qui rappelle celle de l'océan du temps. Supports nécessaires pour ne pas être englouti dans le grand Temps ineffable, ils nous permettent de le relier à du vécu communicable, aux *phénomènes* de la temporalité. L'artiste œuvre dans cet intermédiaire, à la surface du temps.

Un autre mot du texte retient l'attention : j'ai *triché*. Les connotations négatives du verbe nous ramènent au débat sur l'opposition exclusive entre vérité et mensonge. L'éthique de Yourcenar écrivain n'est pas de nous donner les moyens de séparer le faux du vrai, mais de multiplier les exemples du difficile jeu d'équilibriste entre la tricherie inévitable et quelque chose de l'ordre des «tours de passe-passe de l'illusionniste». Impossible de ne pas s'y tromper parfois.

L'art vit ainsi de constants retournements et rebondissements. S'élançant comme Icare pour atteindre les étoiles, l'artiste n'a pas toujours la chance de s'engloutir dans un tombeau marin. Il retombe dans la misère du quotidien, plus proche du «pitre châtié» de Mallarmé, dont le fard rance est tout le sacre, que du funambule romantique. Ou bien il ressemble à Sappho, traînant de ville en ville ses malles pleines de choses fatiguées.

Et il y a le cas de Mishima. On peut s'étonner qu'un romancier si provocateur, si peu humaniste, dont l'œuvre présente un disparate si

1. Il y a une étude comparative intéressante à poursuivre entre Yourcenar et Claude Simon sur le thème de la recherche de l'élémentaire, à la suite de celle de Franc Schuerewegen, «Du savoir qui vient directement des choses. Yourcenar *vs* Simon», *Bulletin de la S.I.E.Y.* 5, nov. 1989, pp.143-57.

violent, ait pu arrêter l'attention de Yourcenar au point qu'elle lui consacre le plus long de ses essais critiques, *Mishima ou la vision du vide*. Mais la cohérence est là. Yourcenar a admiré des «chefs-d'œuvre» de Mishima auxquels elle a donné les couleurs de la transmutation alchimique, du noir au clair en passant par le rouge (*EM*, 215). Le premier portait le titre significatif de *Confession d'un masque*. La fascination de Yourcenar s'explique si l'on voit Mishima, tiraillé entre le Japon des traditions et un modernisme exacerbé, comme un funambule peut-être tenté par deux abîmes, et poursuivant cette tension dans une mort préméditée que Yourcenar choisit de voir «à coup sûr» comme une de ses œuvres (198). C'est d'ailleurs la mention de cette mort, présentée comme un point final particulièrement approprié, qui ouvre le livre.

Il faut toujours, pour que soit complète la figure allégorique de l'artiste/acrobate, la présence d'un danger mortel qui donne au jeu sa gravité. On ne peut s'empêcher d'évoquer Michel Leiris et son introduction à *L'Age d'homme*. «Ce qui se passe dans le domaine de l'écriture n'est-il pas dénué de valeur si cela reste esthétique, anodin, dépourvu de sanction, s'il n'y a rien, dans le fait d'écrire une œuvre, qui soit un équivalent . . . de ce qu'est pour le *torero* la corne acérée de taureau, qui seule . . . confère une réalité humaine à son art, l'empêche d'être autre chose que grâces vaines de ballerine ?»[1] Pour Leiris, le moyen «d'introduire ne fût-ce que l'ombre d'une corne de taureau dans une œuvre littéraire» (11) est de s'y confesser d'une manière aussi complète et sincère, c'est-à-dire impudique, que possible. Cette idée du danger attaché à une confession érotique peut nous paraître bien irréelle et même arrogante de nos jours, elle l'est déjà beaucoup moins en certains lieux du globe en ce qui concerne des écrits subversifs. Mais il y a toujours le danger de s'exposer, de faillir à sa règle, de détruire son esthétique, c'est-à-dire sa propre stabilité. L'enjeu de l'art est toujours pour Yourcenar bien au-delà de la réussite ou de l'échec esthétique. Inversement, l'affrontement de la mort héroïque n'aurait pas de sens sans poésie. C'est encore avec des exemples japonais qu'elle illustre «La Noblesse de l'échec» (*EM*, 321-30), voyant dans les modernes kamikaze les successeurs des héros anciens qui meurent avec des raffinements de poètes.

«Tout homme, maître à bord après Dieu. Tout homme, prisonnier à fond de cale. Et navire en même temps que matelot» (*EM*, 526). Dans cette note de temps de guerre, lancée comme un appel à l'héroïsme malgré la noirceur de l'époque, Yourcenar donne une de ces formules de dualité qui définissent sa démarche. Cette dialectique de type pascalien n'est pas

1. Gallimard, 1946, p.10.

seulement un mouvement de pensée morale et religieuse, «entre le oui et le non»,[1] elle anime aussi la figure de l'artiste. L'horizon du danger est essentiel à l'écriture, qui perdrait tout son poids si elle ne mettait en jeu quelque chose de l'ordre de la vie et de la mort, comme tout art. Ce peut être le danger de trop bien peindre, qui expose Wang-Fô, comme le mime Fancioulle de Baudelaire dans «Une mort héroïque», à la colère meurtrière du prince, ou celui de l'impuissance créatrice de Cornelius Berg. La chute d'Icare, le suicide manqué de Sappho, la musique non consolante d'Alexis, nous signalent que l'art est une expérience des limites qui expose les strates inconciliables du temps.

---

1. Voir Maurice Delcroix, «Marguerite Yourcenar : entre le Oui et le Non», *Marche Romane*, XXXI, 1982, pp. 65-78.

Chapitre II

Chronologies

> Un poète grec vivant en Asie vers la deux cent
> quarante-cinquième olympiade fut édité à Paris en
> 1555 par un savant de la Renaissance. . . . Mais
> feuilletez ce texte, et vous vous sentirez sorti des
> dates et de l'histoire, transporté dans un univers qui
> connaît l'alternance du jour et de la nuit, le passage
> des saisons, mais ne sait rien de l'horloge des
> siècles.   «Oppien ou les Chasses»,
> *Le Temps, ce grand sculpteur.*

La chronologie, c'est la linéarité du temps, *chronos* mis tant soit peu à la raison, rappelé à l'ordre en même temps qu'il est objectivé. Nous en avons besoin pour nous repérer dans les événements du monde et les actes de notre vie. Bienheureuse chronologie : chaque œuvre se remet à sa place dans l'Œuvre, chaque auteur dans le panorama de la littérature, et le tout concorde avec les repères de la grande histoire. C'est notre recours le plus immédiatement disponible contre le vertige du temps, notre première défense contre ce temps qui fait que «la même pluie de pétales ne s'effeuille jamais deux fois sur le même bonheur humain», comme il est dit dans une des *Nouvelles orientales* (1176). «Le temps calendaire est le premier pont jeté par la *pratique* historienne entre le temps vécu et le temps cosmique», écrit Paul Ricœur.[1] Mais ce recours est souvent traité avec ressentiment par les penseurs du temps, comme une logique rigide plaquée sur le mouvant. Yourcenar ne fait pas exception, débattant parfois âprement avec le temps chronique, alors même qu'elle en exploite les ressources poétiques.

Le temps est souffrance. Lorsque Saint Augustin évoque ce tourment du cœur «vide» flottant aux «remous du passé et de l'avenir», il en appelle à une sorte d'ordonnancement suprême qu'il nomme éternité : «Ah! qui maintiendra le cœur de l'homme, qu'il se stabilise et qu'il voie comment, stable hors de l'avenir comme du passé, l'éternité dispose, avenir et passé,

---

1. *Op. cit.* T. III, p.154.

48

les moments du temps ?»[1] Dans l'œuvre de Yourcenar, c'est le personnage de Zénon qui réalise la mise en abyme la plus nette de cette problématique du temps. Médecin, mathématicien et ingénieur, ayant assimilé la leçon expérimentale de Vinci, mais aussi la ligne de pensée qui sera celle de Giordano Bruno et de Campanella, sans compter tout ce qu'il a pu apprendre des sciences et mystiques orientales, il reste, à travers toutes ses expériences, «le philosophe qui avait naguère consacré un opuscule à la substance et aux propriétés du temps» (*ON*, 676). Au centre de *L'Œuvre au noir*, le chapitre intitulé «L'Abîme» représente dans sa vie une période très sombre, qu'il interprète comme la phase de dissolution nécessaire au processus de transmutation, l'*Opus nigrum* dont il a lu la description dans Nicolas Flamel (702). Son être se défait, non seulement parce qu'il vit sous un faux nom, mais parce que sa vie sédentaire et répétitive a dissous ses repères spatio-temporels. Son angoisse se concentre sur le temps, «qu'il avait imaginé devoir peser entre ses mains comme un lingot de plomb, [et qui] fuyait et se subdivisait comme les grains du mercure» (685). Passage, répétitions, durée, tout se confond. Au point ultime de l'angoisse, sa vie ne s'accorde même plus au mouvement des astres, sa chronologie personnelle n'a plus de sens, la pensée de l'éternité n'est pas non plus consolante. «Le temps et l'éternité n'étaient qu'une même chose, comme une eau noire qui coule dans une immuable nappe d'eau noire» (686). Si tout est équivalent dans les moments de sa vie, tous les lieux et les acteurs de l'univers devraient aussi être équivalents. «Mais le contraire aussi était vrai», et cette révélation aide Zénon à progresser. «Les événements étaient en réalité des points fixes . . . et il en était de même des personnes» (698).

Ce passage dramatise la dialectique fondamentale du temps, entre le flux universel, proche du néant — puisque si tout s'écoule, nous ne savons plus *ce qui* s'écoule — et un ordre des événements dans le monde des hommes. Zénon n'en est pas encore à s'unir au Tout intemporel de la création. Il découvre, ou plutôt redécouvre, passant par une souffrance qui le transforme un peu plus chaque fois, en même temps l'artificialité de nos pauvres repérages, et l'absolue nécessité de certains points fixes qui structurent la durée, et nous permettent de vivre le temps entre ces deux extrêmes.

Au plafond, une poutre remployée portait un millésime : 1491. A l'époque où ceci avait été gravé pour fixer une date qui n'importait plus à personne, il n'existait pas encore, ni la femme dont il était sorti. Il retournait ces chiffres, comme par jeu : l'an 1941 après l'incarnation du Christ. Il tentait d'imaginer cette année. . . . Il marchait sur sa propre poussière. Mais il en était du temps comme du grain du chêne : il ne

---

1. *Les Confessions,* trad. Louis de Mondadon, Le Club Français du Livre, 1947, Livre XI, p.300. Cette prière vient peu avant la célèbre méditation sur la nature du temps.

sentait pas ces dates taillées de main d'homme. La terre tournait ignorante du calendrier julien ou de l'ère chrétienne. 701

Mesures, repères

Chez Yourcenar, la chronologie est obsédante. Elle est certes artificielle et relative, en bien des sens étrangère au Temps, mais c'est aussi un outil poétique et herméneutique indispensable. Beaucoup de critiques oublient trop facilement cet aspect du temps ou le traitent comme une simple contingence à dépasser, insistant sur l'aspiration spirituelle vers l'atemporalité qui sous-tend la quête de plusieurs des personnages yourcenariens, extrapolant du personnage au narrateur et du narrateur à l'auteur.

Le Larousse définit *chronologie* comme a) «la science des temps et des dates historiques», b)«manière de supputer les dates». Certains dictionnaires insistent sur la «mise en ordre des événements», d'autres précisent» science auxiliaire de l'histoire». A cette science (dont l'importance, de toute évidence, déborde le domaine de l'histoire) il faut un langage, codifié par les instruments que nous appelons calendriers. Le temps s'y trouve étalé dans l'espace de la mesure, mis à plat d'une manière qui nous donne sur lui une emprise relative, puisque nous le visualisons, le découpons, nous pouvons faire des comparaisons de durée ou de rythme. Ricœur, commentant Emile Benveniste, énumère les trois traits communs à tous les calendriers. Tout d'abord, ils s'organisent à partir ou autour d'un événement fondateur, désigné comme le *moment axial*, et qui détermine le point zéro de la datation. Ce premier trait explique qu'il y ait plusieurs calendriers, donc plusieurs chronologies, dépendant du choix de cet événement. Deuxièmement, ils offrent tous la possibilité de parcourir le temps dans un sens ou dans l'autre, conformément à la caractéristique abstraite de l'ordre (jours de la semaine, mois de l'année, etc). Et enfin, troisième caractéristique, il leur faut un répertoire d'unités de mesure qui en général les relie au temps cosmique.[1] Ces quelques indications définissent le *système* de la chronologie, dans lequel s'allient savoir astronomique et logique numérique.

Yourcenar fait constamment appel ou retour à cette logique, dans un souci d'embrasser les choses de haut ou de loin avant de s'en approcher. Un détail biographique confirme l'importance de cette perspective. Lorsque, dans *Souvenirs pieux,* elle rapporte son inventaire des objets ayant appartenu à sa mère, «reliques» qu'elle disperse ou détruit avec une grande efficacité iconoclaste, elle note parmi les rares objets dignes d'être épargnés, un *Missel* contenant «un calendrier perpétuel qu'[elle] consulte de

---

1. *Op. cit.* T.III, *Le Temps raconté* , p. 157.

temps en temps» (*SP.*, 58). C'est un calendrier permettant de retrouver toutes les indications d'un calendrier ordinaire (c'est-à-dire romain) à condition de connaître la lettre qui représente le dimanche (la lettre A étant attribuée au Ier janvier) pour une année donnée, et «l'épacte» de l'année, ou âge de la lune au Ier janvier. C'est donc bien un pont jeté entre le temps vécu et le temps cosmique, mais l'adjectif «perpétuel» dit surtout que ce calendrier présente le temps comme un continuum abstrait, sans indication du présent, donc dans la perspective de l'extériorité totale.

Mais que serait le temps sans ses trois dimensions qui en font le temps vécu ? Pour que la coupure du présent existe entre le passé et le futur, la présence d'un sujet parlant est nécessaire. C'est la référence du temps au discours qui fait apparaître l'opposition entre passé (remémoré) et futur (anticipé) avec tout son potentiel dramatique. Il faut situer des sujets dans la succession indifférente des jours pour que la chronologie prenne sens humain et qu'elle devienne support de récits.

Dans un passage du «Carnet de notes» de *Mémoires d'Hadrien*, qui accumule des notations numériques, Yourcenar cherche à éprouver concrètement le lien entre le moment du récit et la succession des moments d'un calendrier infini, ce qu'elle appelle le «temps mort», comme s'il fallait absolument redonner vie à ce temps qui sépare. «Expériences avec le temps : dix-huit jours, dix-huit mois, dix-huit années, dix-huit siècles. . . . Le même problème considéré en termes de générations humaines; deux douzaines de paires de mains décharnées, quelques vingt-cinq vieillards suffiraient pour établir un contact ininterrompu entre Hadrien et nous» (520). On attendrait «expérience *du* temps», mais elle écrit «*avec* le temps». Ce sont des expériences pour voir. Il faut donc substituer quelque chose d'humain aux unités de temps, aux jours ou aux mois, pour que les chiffres aient un sens vécu. Il faut tenter une synthèse entre distance et continuité, approcher autant que possible la totalité du temps en réintégrant la chronologie à l'expérience, pour que le mot «contact», qui revient si souvent dans les réflexions de Yourcenar sur le passé, ait une réalité.

Une note inédite donne une version légèrement différente du même moment.

Jeux avec le temps. Fini ce livre mille huit cent douze ans cinq mois et seize jours après la mort du malade de Tibur. Soixante générations, en comptant trois par siècle. En termes de mémoire humaine, de vieillards confiant leurs souvenirs à des enfants, mettons vingt générations, vingt vieilles mains ridées entre cet homme et moi.

Ici, c'est le mot «jeu» qui introduit la manipulation des mesures du temps et fonde une possibilité de contact à travers la distance. Lorsque Zénon, dans le passage cité plus haut, retourne la date de 1491 (la veille du départ de Christophe Colomb) en 1941 (le lecteur y reconnaîtra la date de Pearl Harbour), il le fait «comme par jeu», car les chiffres y invitent. Ce jeu par lequel il tente de réintroduire le vécu dans l'infini des nombres a quelque chose de vain, et même d'un peu désespéré dans sa perspective, mais il permet de sortir des étroites limites du présent et lance le lecteur sur les chemins de la grande histoire.

Du calendrier à la poétique des dates

Le dictionnaire Larousse fait suivre la définition citée plus haut d'une curieuse citation non attribuée, qui se trouve ici particulièrement appropriée : «La chronologie et la géographie sont les deux yeux de l'histoire». Pour Yourcenar, la chronologie est bien un œil de l'histoire ou un œil sur l'histoire. Elle permet ce croisement, au sens de chiasme, entre l'histoire et la fiction, qui donne à ses romans leur poids de réalité sans qu'on puisse parler à son propos d'esthétique réaliste.

Yourcenar ne met pas l'histoire dans le roman. Elle n'a que mépris pour le pittoresque ou l'effet historique ajoutés à la fiction. Ce qu'elle cherche est une intégration sans couture, parfaite. Mais parfaite pour qui ? Les lecteurs de *Mémoires d'Hadrien* ou de *L'Œuvre au noir,* quelle que soit leur érudition historique, donc leur exigence, ont salué presque unanimement la réussite de l'entreprise. Pourtant le livre est marqué d'une couture, ou coupure, puisqu'elle ajoute au roman cette «Note de l'auteur», qui dans le deuxième livre, comporte une longue justification de la chronologie de Zénon.

> Pour donner à son personnage fictif cette réalité spécifique, conditionnée par le temps et le lieu, faute de quoi le «roman historique» n'est qu'un bal costumé, réussi ou non, [le romancier] n'a à son service que les faits et dates de la vie passée, c'est-à-dire l'histoire. Zénon, supposé né en 1510, aurait eu neuf ans à l'époque où le vieux Léonard s'éteignait dans son exil d'Amboise. . . . A l'époque de son suicide, Giordano Bruno, destiné à mourir par le feu trente et un ans plus tard, aurait eu à peu près vingt ans. 839-40

Entre Vinci et Bruno, sont placées des références datées à Paracelse, Copernic, Dolet, Vésale, Paré, Cardan, Galilée et Campanella, soit de quoi satisfaire tous les degrés d'érudition. C'est d'abord comme savoir partagé, qui garantit l'exactitude et l'objectivité de ce qui est écrit, que Yourcenar fait constamment appel à la chronologie. La suite de la «Note» évoque ces «nombreux points de suture [qui] rattachent l'imaginaire philosophe [Zénon] à ces authentiques personnalités échelonnées le long de ce même siècle». La recherche doit se fondre dans le tissu serré du roman, de même que la *suture* chirurgicale est destinée à disparaître dans un tissu organique régénéré.

La question subsiste : pourquoi alors imposer au lecteur cette note quelque peu indigeste où sont inscrits tous ces rapprochements de dates ? Les raisons manifestes abondent : augmenter le plaisir de la lecture en mettant en relief les détails exacts qui pourraient passer inaperçus, élargir le monde imaginaire du roman en lui ouvrant l'imaginaire de l'histoire, enfin nous faire entrer, comme elle-même l'a fait, dans *la vie* d'un siècle passé. «A partir du moment où Zénon, mûri et déjà vieilli, retrouve à Innsbruck son camarade Henri-Maximilien . . . j'ai eu l'impression d'être un peu plus loin de la reconstitution de la vie au XVIᵉ siècle, et un peu plus près de la vie au XVIᵉ siècle» («Ton et langage dans le roman historique» *EM*, 305). Ces notes sont aussi une manière de nous ouvrir le laboratoire de l'écriture, de montrer comment un seul détail peut contraindre et relancer l'imagination.

Pourtant, il est juste de dire que Yourcenar ruse parfois avec l'histoire dans l'accumulation de ces précisions, comme si l'importance donnée à l'établissement de la vérité chronologique devait servir d'écran à autre chose, par exemple aux libertés prises avec les dates au nom de la vraisemblance romanesque. Georges Dottin a relevé un de ces cas.

> Dans sa «Note de l'auteur», elle évoque . . . certains traits prêtés à Marguerite d'Autriche, et «sa tendresse pour son perroquet, «l'Amant vert», dont un poète de cour a pleuré la mort». Pourquoi ne pas citer le nom de ce poète, pourtant assez connu (Jean Lemaire de Belges)? Parce que le lecteur risquerait alors de s'apercevoir que la mort du perroquet, et les aimables jeux poétiques qui s'en suivirent, étaient vieux de vingt ans à la date où se situe la scène (1529).[1]

Au jeu de l'exactitude parfaite, même Yourcenar ne gagne pas à tous les coups. Il y a donc forcément d'autres enjeux, dont l'un est peut-être de justifier à ses propres yeux l'audace, («l'arrogance» que nous avons vue transposée sous forme de style dans *Feux*), d'avoir entrepris un projet aussi ambitieux. Dans des notes inédites sur la composition de *Mémoires d'Hadrien*, se trouve cette remarque à la date du 2 janvier 1951 : «Le travail recommencé le 10 février 1949 s'achève. J'éprouve la sensation d'un coureur de marathon arrivant au but épuisé, ou de Lorenzaccio après son *crime*» (c'est moi qui souligne). A nouveau cette allusion au sentiment d'avoir outrepassé une certaine frontière, noté sous une autre forme dans le «Carnet» publié : «Projet abandonné de 1939 à 1948. J'y pensais parfois, mais avec découragement. . . . Et quelque honte d'avoir jamais tenté pareille chose» (*OR*, 522). Le culte de l'exactitude érudite, soutenu par la référence chronologique, ne serait-il pas alors le rite qui permet d'écrire,

---

1. «Chronologie historique, chronologie romanesque» *Roman 20-50. Revue d'étude du roman du XXᵉ siècle*, 9, mai 1990, p. 8.

contrebalançant la «méthode de délire qui n'intéresserait que les insensés» (*MH*, 526) ?

La raison d'être de la «Note» est donc, me semble-t-il, moins d'ordre littéraire ou épistémologique qu'autobiographique. Nous retrouvons ici certains aspects de la problématique des préfaces, Yourcenar affirmant que le produit final peut être lu de confiance comme intégration de l'histoire et de la fiction, mais le disant dans un texte qui mine l'unité du livre.

Yourcenar fait tout pour enrober son roman du roman de sa composition, indiquant ce qui a «servi à l'imagination de mise en marche», ou de vérification après coup. Nous pouvons mesurer à la fois la fécondité poétique du travail sur les dates et l'incommensurabilité de la fiction et de l'histoire. Par exemple, elle dresse une chronologie complète des événements historiques, même de ceux qui ne sont pas mentionnés dans *L'Œuvre au noir*, depuis 1482. Elle y ajoute une concordance avec la vie de Zénon, né autour de 1510. Elle y place les périodes où Zénon disparaît du roman, qui doivent être présentes pour elle, comme «périodes de vie cachée ou de vie obscure» (*OR*,1991, 873). Ce désir de posséder, à l'arrière-plan, la totalité de l'existence de son personnage, se rattache à ce qu'elle écrit à propos d'*Hadrien*, sur le besoin d'écrire les moindres conversations, les plus imperceptibles mouvements. Elle justifie cette nécessité dans une phrase qui disparaîtra des notes publiées : «J'ai pensé par la suite aux beaux dessins de David où ce qui devait plus tard être revêtu de costumes était d'abord dessiné sur le nu». La formule est celle d'une esthétique classique, fondée sur l'accord des apparences avec l'être, mais aussi d'une esthétique de la présence rendue possible par la totale maîtrise technique. Pour faire vrai, il est moins important de copier les anecdotes, les faits vécus que de mimer la plénitude de la vie. La chronologie jouerait alors pour le romancier le rôle que joue l'anatomie pour le peintre de personnages.

Yourcenar nous dit aussi qu'elle brûle au matin les pages écrites la nuit, car de cette vie obscure, de cette écriture secrète, elle ne veut pas tout conserver. La note est en quelque sorte une demi-confession. Le produit final est «la condensation d'un énorme ouvrage élaboré pour moi seule» (*Cn MH*, 535). Il arrive que de ce grand roman qu'il serait presque impudique de montrer, des éléments passent dans le livre, des traces d'érudition dépourvues de sens pour le lecteur raisonnablement cultivé. Que faire par exemple dans *L'Œuvre au noir* de l'association du calendrier arabe avec «Darazi [qui] avait compté en secret d'après l'ère de Khosroès»

(702) ?[1] Comment pouvons-nous reconnaître certains mots périmés qui «peuvent servir, comme un clou, à fixer une date» (*EM,* 302), ou inversement des anachronismes de vocabulaire ? La «Note» et le «Carnet de notes» nous aident parfois, comme dans le cas de cette correction : «Ces «gemmes dont chacune symbolise un moment du Grand Œuvre» dans l'une des premières répliques de Zénon est une bourde. . . . Entre ces «gemmes» maintenues en 1957 et jusqu'en 1967 de la version de 1924, et les présents «métaux», il y a dix ans de lectures alchimiques» (*OR,* 1991, 860).

Les «rives platoniciennes du *Temps retrouvé*» que Proust atteint au terme de son œuvre (*EM,* 245), Yourcenar y accède peut-être secrètement, dans le laboratoire des exercices spirituels et intellectuels qui préludent à l'œuvre, et dont elle ne nous livre que les notes. Elle ne nous laisse entrevoir que la surface d'un énorme travail qui est son alchimie à elle.

De l'ordre de l'histoire à l'ordre du récit

Extériorité du temps du monde et de la grande histoire d'une part, ancrage dans le présent du discours d'autre part, ces deux pôles sont toujours présents dans les récits yourcenariens. *Mémoires d'Hadrien* offre l'exemple le plus net de la combinaison des deux perspectives. Par sa position de pouvoir et sa qualité d'homme de culture, Hadrien possède une vaste vision d'ensemble, en même temps que la proximité de sa fin donne une grande intensité au moment de *son* écriture. Comme il est à la fois le narrateur de son histoire personnelle et quasiment le maître du monde dans lequel il vit, l'ordre du récit et l'ordre de l'histoire se trouvent tous deux dépendre de sa perspective. Le rapport entre ces deux ordres est toujours clair. Même lorsque pour lui «les dates se mélangent», et que, se remémorant ses «saisons alcyoniennes», la mémoire lui «compose une seule fresque» (412), la confusion appartient à un moment limité du passé. Elle est dite, mais n'est pas revécue, ni mimée par le texte. De la même manière, le discours indirect libre qui donne la longue méditation de Zénon au cœur de l'abîme est très ordonné. Qu'on pense par contraste aux effets de superposition mnémoniques produits par l'écriture de la mémoire chez Claude Simon, et on comprendra que Marguerite Yourcenar se sente si loin du Nouveau Roman, qu'elle appelle, non sans injustice, et sans autre élaboration, «expérience dissociante» (*Entr.,* 27).

Cette écriture lui paraît «dissociante» sans doute en ce qu'elle exploite tout ce qui différencie la mémoire personnelle de la durée telle que

---

1. Explication de Dottin, *op. cit.* : «il nous suffit de savoir qu'il s'agit d'un décompte hérétique par rapport au calendrier officiel de l'Islam, et l'on comprend que Zénon l'ait instinctivement choisi» p. 9.

l'histoire nous la structure. Yourcenar reconnaît cette distance, mais affirme aussi que l'écriture, en la parcourant, doit tenter de relier les points extrêmes. Elle n'a pas non plus de sympathie pour la volonté de rupture à tout prix. A l'occasion de ce commentaire sur le Nouveau Roman, elle se lance dans une critique acerbe de l'abus contemporain de l'adjectif *nouveau*. On comprend que pour elle, le vraiment nouveau est ce qui marque une rupture avec tout ce qui a précédé, et inaugure un cours différent. Cela n'a rien à voir avec le lancement d'une mode ou d'un mouvement. Elle souligne, un peu plus loin, l'importance de la référence au moment fondateur de notre chronologie qui structure notre temps vécu et notre sens du présent. Cela impose au «romancier», par opposition à l'historien, de «replacer les personnages dans la chronologie qui a été la leur, par exemple Hadrien en Palestine vers l'an 884 de l'ère romaine, et non en l'an 136 de l'ère chrétienne dont il ne savait pas qu'elle avait commencé» (52).[1]

Non seulement l'ordre du récit s'appuie à l'ordre de la grande histoire, mais l'effort pour imaginer le moment inaugural d'une chronologie historique est un des supports de la poétique yourcenarienne du temps. Dans *Archives du Nord*, évoquant les très lointains Celtes des Flandres, elle rêve à ce moment où cette «race» est entrée dans l'ère qui est la nôtre.

> On voudrait savoir à quelle date précise cette race troqua ses dieux primordiaux contre un Sauveur venu de Palestine, à quel moment la ménagère qui précéda de loin les Valentine, les Reine, les Joséphine et les Adrienne dont je suis sortie, a laissé un mari ou un fils . . . porter chez le fondeur les petits Lares de bronze qu'elle récupérait ensuite, paraît-il, sous forme de casserole ou de poêle à frire. 965

C'est peut-être la lecture de Bède le Vénérable qui a entretenu cette curiosité, et peut-être cette lecture a-t-elle été contemporaine de la composition d'*Archives*. Une ligne de réflexion implicite sur la structuration historique des temps circule de livre en livre. «Sur quelques lignes de Bède le Vénérable» offre une évocation très poétique de ce moment charnière, et montre aussi la lenteur du phénomène d'instauration d'une ère nouvelle. Il y faut — ou plutôt il fallait, car les choses vont plus vite maintenant — maints relais de parole, de pouvoir, de diffusion.

> Un cycle nouveau commence. . . . Nous sommes à cette période de fonte des neiges et de vent aigre où un christianisme encore neuf, importé d'Orient par l'entremise de l'Italie, lutte dans les régions du Nord contre un paganisme immémorial, s'insinue comme le feu dans une vieille forêt encombrée de bois mort. . . . Les plus surprenantes paroles qui nous soient parvenues au sujet de ce passage d'une foi à une autre, des dieux à un Dieu, nous arrive par le truchement de Bède le Vénérable, qui les consigna à plus de cent ans de distance. *EM*, 275

1. Par contre Robert Graves n'hésite pas à inscrire en marge de *I, Claudius* les dates du calendrier chrétien, pour des raisons pratiques, dit-il.

La chronologie n'est donc pas seulement un cadre logique neutre destiné à assurer la bonne compréhension des séquences. Les dates que nous croyons raclées comme des palimpsestes peuvent retrouver leur épaisseur poétique. Au romancier de faire valoir le moment fondateur d'une chronologie personnelle. «Le premier jour du mois d'Athyr, la deuxième année de la deux cent vingt-sixième Olympiade... C'est l'anniversaire de la mort d'Osiris, dieu des agonies» (*MH*, 438). Il deviendra celui de la mort d'Antinoüs.

La structure temporelle de *L'Œuvre au noir* est plus complexe que celle de *Mémoires d'Hadrien*. Le roman n'étant pas narré à la première personne, ni à partir de la fin de l'histoire, il requiert des focalisations multiples. Celles-ci ne peuvent pas être hiérarchisées par un point de vue totalisateur comme celui d'Hadrien, mais doivent progressivement intégrer au tissu romanesque de la vie de Zénon une énorme masse de détails érudits sur la science, la médecine, la religion, l'art et la politique de l'époque. L'appui sur la chronologie historique, cette vision d'une Europe de la Renaissance en plein essor économique, mais aussi ravagée de luttes politiques et religieuses, doit être équilibré par la dynamique de la quête poursuivie par le personnage principal.[1] Le récit ne suit pas son histoire tout à fait chronologiquement, quelques analepses étant nécessaires, comme dans le chapitre «Les enfances de Zénon». Sa vie est découpée par un narrateur extérieur, selon les trois grandes périodes significatives de son âge adulte. Dans la première, «La Vie errante», Zénon apprend son siècle et l'histoire des hommes. On ne le quitte guère, sauf pour les digressions (les anabaptistes de Münster et des Fugger de Cologne) qui lui donnent le loisir de courir d'autres aventures. Ces périodes de la vie obscure de Zénon seront évoquées rétrospectivement à d'autres points du récit, sans détails, bien que Yourcenar y ait beaucoup travaillé comme nous le savons. La deuxième partie, «La Vie immobile», est beaucoup plus unifiée et par le lieu (retour à Bruges) et par le temps (six ans continus de vie sous un faux nom). C'est une descente dans l'intense vie intérieure du philosophe. Enfin dans «La Prison», il rejoint l'histoire du siècle puisqu'il est condamné pour hérésie, mais il s'en sépare aussi radicalement par son refus de renier ses œuvres. Il reprend alors son vrai nom. «Installé dans sa propre fin, il était déjà Zénon *in æternum*» (*OR*, 827).

La phrase finale, «[e]t c'est aussi loin qu'on peut aller dans la fin de Zénon», n'est pas seulement un écho de Flaubert, comme je l'ai noté, c'est

---

1. Pour une étude détaillée de la forme narrative de *L'Œuvre au noir*, à la fois du point de vue du temps et de la voix, voir Antoine Wyss, «Lire Yourcenar, dire Yourcenar», *Bulletin de la SIEY*, 4, juin 1989, 75-93. Aussi Claude Benoît, «Marguerite Yourcenar de la première à la troisième personne», *Bulletin SIEY* 3.

véritablement un écho de Yourcenar. C'est l'instant-coupure qui s'éclaire à la lecture de remarques autobiographiques où elle dit tenter de se placer à la fois au dedans et au dehors pour suivre ses personnages «jusqu'à la dernière gorgée d'eau, le dernier malaise, la dernière image» (Cn*MH*, 537). Jusqu'à «une porte qui s'ouvre, mais nous ne savons pas sur quoi» (*YO*, 188). Toute chronologie humaine a la mort pour horizon.

«Chroniques familiales»

Au mépris du sens étymologique du mot «chronique», les trois livres qui forment *Le Labyrinthe du monde* sont ceux dans lesquels l'ordre de l'histoire est le plus bouleversé par le récit, même si la référence à la grande histoire est toujours présente et permet aux lecteurs de s'y retrouver. C'est une reconstitution qui a un tout autre type d'enjeu que les deux grands romans précédents, puisqu'il s'agit des lignées familiales de l'auteur et que l'autobiographie y est sans cesse effleurée, mise en question, et finalement évitée.

Les récits les plus complexes du point de vue de la construction temporelle se trouvent dans le premier et le troisième volumes, *Souvenirs pieux* et *Quoi ? L'Eternité*. Ils impliquent de nombreuses ruptures, retours en arrière, anticipations, raccourcis ou élisions, ainsi que des digressions sur les méthodes de reconstitution. Mais *Archives du Nord* fait en grande partie exception à la construction sinueuse des deux autres. Il est placé sous le signe de son père, celui des deux parents avec lequel Marguerite a vécu, celui qui a présidé à son éducation, et surtout qui lui a «raconté» sa vie. «Pour tous les incidents de ce récit à partir de sa petite enfance, Michel est mon principal, et le plus souvent mon seul informant. Là où il a choisi de se taire, je ne puis qu'enregistrer son silence» (*AN*, 1170). La narratrice n'essaiera pas de combler certaines lacunes, elle essaiera seulement de corriger ce «flou» sur les dates dont Michel est affligé. Michel a choisi de vivre dans le présent, il est incapable de s'attacher à une chronologie, comme d'éprouver la nostalgie du passé. S'il est brillant causeur, il est mauvais historien de sa vie. Les périodes heureuses «manquent de pente», comme ses bonnes années avec Maud ou ses années folles avec Berthe et Gabrielle. Il a l'impression d'avoir vécu plusieurs vies. C'est donc à la narratrice d'en retrouver l'ordre, sur la foi de l'unité du personnage qu'elle a eu sous les yeux, qu'elle a dû passionnément écouter, mais aussi à l'aide de sa méthode à elle. Ainsi s'affirme un déroulement plus linéaire, placé sous l'autorité reconnue du père sur son récit, même si celui-ci est troué de lacunes, et une volonté d'accepter révélations et secrets sans aller trop loin dans les hypothèses.

Tout se passe comme si l'absence de la mère, morte peu après la naissance de l'auteur, imposait plus de recherches et plus de tâtonnements au premier volume. Les soixante premières pages de *Souvenirs pieux* en particulier présentent des sauts dans le temps qui ne tiennent pas seulement aux difficultés de la reconstitution du passé, mais à celle de savoir par où commencer. En fait, *Souvenirs pieux* n'en finit pas de commencer, et tous les débuts se révèlent problématiques. Il y a celui de la première phrase, qui promet une sorte d'«histoire de ma vie» en datant la naissance de la narratrice. Mais le fait est noté comme un événement du monde, difficile à élever au rang de fondement d'une chronologie personnelle. «L'être que j'appelle moi vint au monde un certain lundi 8 juin 1903, vers les 8 heures du matin. . .» (707). J'ai souligné, dans le chapitre précédent, la similarité des formules, nettoyées de toute subjectivité, qui servent à noter la naissance d'un livre et la naissance de l'auteur. Moins de quarante pages après cet *incipit* privé de suite, on trouve ce qui pourrait être la motivation du livre. C'est la pensée qui vient à la narratrice lors de sa première visite à la tombe de sa mère en 1956, «c'était à moi de faire quelque chose. Mais quoi ?» (740). Offrir des nourritures aux morts comme les Romains, prier comme les Chrétiens, ou simplement sarcler la terre et repeindre la grille ? Parmi les possibilités d'actions *pieuses* qui se présentent, n'apparaît pas celle d'écrire, et cependant le livre est là, avec son titre, pour attester qu'il répond d'une certaine manière à l'obligation ressentie ce jour-là.

Enfin il y a un troisième commencement, qui est celui de l'histoire de Fernande, la mère de Marguerite. Mais celui-là est plus heurté et presque éclaté, comme si l'histoire de Fernande était difficile à suivre. Marguerite n'a aucun point d'appui qui lui donnerait quelque chose comme le point de vue de Fernande. Page 710 : installation dans la maison de Bruxelles peu avant l'accouchement. Page 713 : retour au moment du mariage de Fernande et de Michel de Crayencour, évocation de la personnalité de Fernande, longue digression sur les sentiments de Michel «pris au piège» d'un deuxième mariage. Page 717 : «Mais revenons à Fernande». Suit le récit de l'accouchement, la maladie et la mort de Fernande. Page 728 : «Fernande mourut dans la soirée du 18». Il faut attendre le début de la deuxième partie, pour entamer la chronique de la lignée maternelle. «Je profite de la vitesse acquise dans les pages qui précèdent pour mettre par écrit le peu que je sais de la famille de Fernande et des premières années de celle-ci» (749). N'est-ce pas pourtant le véritable sujet du livre, qui commence là un peu comme par hasard ? La notion de hasard n'est d'ailleurs pas étrangère aux retrouvailles de Marguerite avec le passé de sa famille et le sien propre, comme elle le dit dans ses entretiens avec Matthieu Galey. «*Souvenirs pieux* et *Archives du Nord* sont nés, en somme, de mon retour en Flandre avec

Zénon» (214). 1956 : voici une quatrième manière d'évoquer l'origine du *Labyrinthe du monde*. Même si ce n'est pas tout à fait ainsi que les choses se sont passées — Josyane Savigneau l'a montré — cette concordance chronologique a pu paraître à Yourcenar plus vraie que la réalité : *Remous* est né d'une consultation d'archives familiales, et un distant avatar de ce premier roman serait la cause de son retour au pays de ses ancêtres.

L'aspect de quête à la fois ample et minutieuse de ces chroniques amène la question d'une comparaison avec Proust. Une obsession commune du temps et du passé chez les deux auteurs n'empêche pas que la structure temporelle des récits yourceniens soit très différente de l'écriture proustienne de la mémoire. Il n'y a pas chez Yourcenar cette poétique de la mémoire involontaire qui aboutit à de vertigineux effets d'inversion de la direction du temps. On trouve chez Proust tout un répertoire de procédés d'anachronie dont Gérard Genette a étudié le jeu d'«annonces rétrospectives» et de «rappels anticipatoires»,[1] jeu si complexe qu'il est parfois difficile de définir «le sens de la marche». Il y a aussi très souvent dans *La Recherche* des souvenirs de souvenirs qui rendent difficile de situer le moment de narration dans la profondeur du passé. Rien de tel chez Yourcenar. Les anticipations passées des personnages ont nom «espoirs» ou «projets» ou «présages». Les interprétations rétrospectives sont toujours clairement situées dans le temps. S'il y a vertige à la lire, il vient de la multiplicité et de la profondeur du Temps plus que de la magie de la mémoire.

La vie et l'œuvre

C'est selon ces catégories traditionnelles, héritées de la critique lansonienne, que Yourcenar procède souvent pour aborder les auteurs qu'elle étudie. La chronologie est son approche favorite dans ses essais sur Thomas Mann, Piranèse, Selma Lagerlof, avant toute tentative de compréhension. Ce sera aussi une manière pour elle de mettre en perspective sa propre vie, par souci de ne pas laisser à d'autres le soin de dater ses œuvres et les événements de son existence, mais aussi pour se protéger de l'illusion subjectiviste de la coïncidence avec soi. Le jeu avec le temps comporte cette part de maîtrise qui autorise le contact avec le passé et lui permet en même temps d'écrire que «le temps ne fait rien à l'affaire» (Cn *MH*, 527).

La chronologie personnelle a donc une importance extrême, comme en témoigne la douzaine de pages établies par ses soins et placées en tête de ses *Œuvres romanesques* dans l'édition de la Pléiade. Cette «Chronologie» qui entremêle biographie et bibliographie n'est pas simplement une

---

1. *Figures III*. Editions du Seuil, 1972, p.118.

succession de concordances entre événements personnels et dates. Ces pages serrées sont extrêmement rédigées, avec des ellipses, des étirements ou des accélérations du temps. Elles intercalent des notations sèches d'agenda (1939. . . «Nouvel An à Kitzbühel, dans le Tyrol») et des phrases complexes ajoutant au présent, lui-même enrichi d'une coloration affective, la double perspective de la rétrospection et de l'anticipation. Certes on est très loin du feuilleté temporel de la phrase proustienne. Ici nous avons le support des dates. Mais il n'est jamais simple d'ordonner sa vie.

> 1939 . . . : Venant d'achever pour un éditeur parisien la traduction de *What Maisie Knew* (*Ce que savait Maisie*), d'Henry James, qui, du fait des événements, ne parut qu'en 1947, elle se consacre pour son propre plaisir à une traduction du poète grec moderne Constantin Cavafy, de concert avec l'érudit grec Constantin Dimaras, et préface ce travail d'un essai critique.

L'existence est composée de plusieurs séries événementielles qui ne marchent pas au même rythme : celle de la composition des œuvres et celle de leur parution, séries dont l'harmonisation est contrariée dans ce cas précis «du fait des événements», c'est-à-dire de la guerre, série historique. Yourcenar manifeste une incapacité à réduire sa chronologie à l'événement au souffle court, à la succession de moments atomisés. Qu'elle note que la traduction de Cavafy était «pour son propre plaisir» dépasse de toute évidence les exigences de l'entreprise de mise en ordre.

Nous avons vu que les préfaces étaient une autre manière pour elle de réordonner sa vie d'après ses moments d'écriture et de réécriture. Une forme de chronologie est dispersée dans ces innombrables paratextes qui rendent si indécises les limites du corpus yourcenarien. C'est là que chronologie de l'œuvre et chronologie personnelle s'entremêlent le plus étroitement.

En tant que textes, les préfaces sont essentiellement des récits de genèse, écrits dans le moment de pause réflexive qui suit de près la composition d'une œuvre. Le privilège de l'auteur n'est donc pas celui d'une coïncidence avec l'origine intentionnelle, mais celui d'une simple proximité temporelle. Les débuts sont aussi nets que celui du plus célèbre des modèles. «Au commencement . . .»

> *Alexis ou le Traité du vain combat* parut en 1929; il est contemporain d'un certain moment de la littérature et des mœurs. 3
> *Le Coup de grâce*, ce court roman placé dans le sillage de la guerre de 1914 et de la révolution russe, fut écrit à Sorrente en 1938 et publié trois mois avant la seconde guerre mondiale. 79
> *Feux* n'est pas à proprement parler un livre de jeunesse: il fut écrit en 1935; j'avais trente-deux ans. 1043

Ces ouvertures très simples montrent qu'un livre est en réalité une entité complexe : événement daté dans le passé, objet permanent dont on peut parler au présent, et enfin création humaine rattachée à un sujet («j'avais trente-deux ans»). Mais il est clair que l'émergence du texte comme événement est ici privilégiée par rapport à sa source subjective.

La volonté de clarté, d'objectivité, et presque de sécheresse marquée par la précision chronologique ne détruit pas le pouvoir poétique des dates. «Tout livre porte son millésime et il est bon qu'il le fasse», déclare Yourcenar dans la préface de *Feux* (*OR*,1044). A cause de l'emploi généralisé du mot «millésime» en numismatique et en œnologie, nous avons pris l'habitude de l'entendre comme simple synonyme de «date». Son sens premier est cependant celui de «chiffre exprimant le nombre mille dans l'énoncé d'une date», et le mot retient quelque chose de l'amplitude de cette mesure temporelle. Impossible de parler de «millésime» pour la date d'un événement trivial. Ne sont millésimées que les occurrences qui prennent place dans le registre historique. Par ce mot, le livre se trouve rattaché à la longue durée. La date lui ajoute une aura, permettant de lire, au-delà de sa stricte valeur de position dans le temps, «la couleur et l'odeur de l'époque elle-même dont la vie de son auteur est plus ou moins imprégnée», et, ajoute Yourcenar, «le jeu compliqué des influences littéraires et des réactions contre ces mêmes influences» (1045). C'est un peu de tout cela que Yourcenar s'efforce de ressaisir dans ses préfaces, rattachant son histoire personnelle à l'histoire de la littérature et à la grande histoire. L'interpénétration réciproque de ces différentes séries laisse malgré tout une grande place à la liberté de l'écrivain.

La genèse des œuvres devient cependant de plus en plus difficile à suivre chronologiquement à mesure qu'on passe des quatre préfaces aux postfaces ajoutées à des œuvres qui reprennent des projets anciens et très modifiés. «Postfaces» et «notes» décrivent l'aventure quasi picaresque de manuscrits détruits, d'autres redistribués et transformés, de récits ayant connu de longues périodes d'occultation, de pages oubliées et retrouvées dans une malle. Elles déplacent donc à leur tour la sûreté de l'esthétique des «préfaces» en reprenant, à un autre niveau et d'une manière plus descriptive, plus accueillante aux digressions biographiques, le motif de la dispersion temporelle du moi. L'auteur, passant des ruines aux bibliothèques dispersées sur plusieurs continents semble poursuivre moins une recherche érudite systématique qu'un mystérieux fil d'Ariane faisant des rencontres de hasard les échos d'une rencontre initiale.

Pour insister sur un exemple déjà évoqué, je reviendrai sur la destinée du premier projet de roman. La grande boucle qui va de *Remous* à *L'Œuvre au noir* et au *Labyrinthe* entoure un moment caractérisé par l'effort pour établir une histoire linéaire des étapes d'écriture. Au milieu de cette boucle, un recueil de nouvelles, *La Mort conduit l'attelage* (1934), essaie de sauver quelque chose de la grande fresque initiale, et à la fin de la boucle, *Comme l'eau qui coule* (1982) récupère en quelque sorte les personnages inemployés, cette *Anna* et ce Nathanaël que Yourcenar ne peut pas abandonner. «Plus je vais, plus cette folie qui consiste à refaire des livres anciens me paraît une grande sagesse. Chaque écrivain ne porte en soi qu'un certain nombre d'êtres» (Cn *ON*, 1991, 853).

Une telle mise en scène temporelle de la création aide à comprendre le sens des infinies retouches et corrections apportées par Yourcenar et notées par elle avec un soin maniaque. Expliquer ces reprises uniquement par le souci de perfection de l'auteur ne ferait qu'appliquer une étiquette psychologique ou esthétique à un phénomène d'un autre ordre. L'écriture n'est pas tant imparfaite que révélatrice d'altérité. Les préfaces racontent la démarche sinueuse et hasardeuse de la réappropriation de cette altérité, mais surtout elles l'illustrent et la prolongent. Comme l'a écrit Maurice Blanchot, la temporalité de cette lutte intime «entre l'exigence de lire et l'exigence d'écrire, entre la mesure de l'œuvre qui se fait pouvoir et la démesure de l'œuvre qui tend à l'impossibilité"[1] est à la fois infinie et limitée par la mort. L'attention minutieuse que Yourcenar porte à la mention «édition définitive» me paraît révélatrice à cet égard. L'accolade de l'épithète *définitif* à un roman, à sa préface, et à leur co-présence, comme dans l'édition de la Pléiade parue exceptionnellement avant la mort de l'auteur signale, plutôt que l'achèvement de l'œuvre, l'acceptation anticipée du moment imprévisible où la dernière version deviendra par la force des choses la version définitive. Le caractère décisoire et juridique du mot *définitif* fait passer sur un autre plan les considérations de perfection esthétique.

Le parcours supplémentaire d'écriture et de lecture que constituent préfaces et postfaces ne peut donc pas être subsumé dans un devenir continu, malgré tous les efforts de l'auteur. Le choix de retracer l'histoire de son œuvre sous une forme textuelle fragmentée et subsidiaire mine toute possibilité d'unifier cette histoire, en même temps que la tentative d'écrire une genèse expose le caractère illusoire du texte préfaciel. L'intérêt des préfaces de Yourcenar est en grande partie dans cet échec, dans le fait qu'elles annoncent ce qui a déjà été lu et obligent à le relire autrement que selon le sens qu'elles paraissent imposer. Elles font surgir des questions auxquelles elles ne peuvent pas répondre.

---

1. *L'Espace littéraire.* Gallimard, 1955, p.265.

La chronologie est bien plus que l'ordre, plus que ce que Heidegger considérait comme la conception vulgaire du temps. Cadre et discipline certes, recours contre la dispersion temporelle et la déscrientation, elle est aussi la marque de l'inachèvement vital de cette œuvre. Elle est de plus un outil poétique irremplaçable en tant que source des rencontres où l'imagination se délecte. C'est toujours avec un immense plaisir que Yourcenar en fait la matrice du jeu inépuisable qui permet d'enrichir le passé par des réseaux d'analogies, d'associations, et de remémoration.

«Le temps et les dates ricochent comme le soleil sur les flaques et sur les grains de sable» (*SP*, 880).

Chapitre III

Mythologies

> La déesse Mnémosyné, Mémoire, mère des
> Muses, ne confère pas la puissance d'évoquer des
> souvenirs individuels. . . . Elle apporte au poète,
> comme au devin, le privilège de voir la réalité
> immuable; elle le met en contact avec l'être
> originel, dont le temps, dans sa marche, ne
> découvre aux humains qu'une infime partie, et
> pour la masquer aussitôt.
>
> J.P. Vernant, *Mythe et pensée chez les Grecs*

Toute l'œuvre de Yourcenar est comme «irradiée» de mythologie.[1]
Cette présence va de la simple allégorie à la réappropriation d'une intrigue
— lorsqu'elle remet en scène la vengeance d'Electre ou la descente de
Thésée dans le Labyrinthe — en passant par tout un éventail de tropes. Elle
s'intéresse à des légendes d'origine variée, venant des Balkans, de l'Inde, de
l'Extrême-Orient. Depuis le «saint folklore des contes de nourrice»,[2] belles
histoires souvent cruelles, mais qui supportent des répétitions innombrables
et dont les protagonistes possèdent une évidence et une plénitude immédiates, jusqu'aux récits transmis par l'éducation livresque, le mythe a pour
Yourcenar la dignité d'un élément culturel fondamental, qui traverse les
frontières et se transmet de génération en génération comme le témoin que
se passent les coureurs de relais.

Dans les *Entretiens radiophoniques* de 1971, Yourcenar a cependant
voulu réduire dans le temps la période proprement mythologique de son
œuvre. «Au fond, la notion même du mythe n'a joué pour moi un rôle
vraiment essentiel qu'entre 1932 et 1938, c'est-à-dire qu'on la trouve
surtout placée au centre dans trois de mes livres écrits durant cette période,
Feux, Nouvelles orientales, et l'essai sur le rêve qui s'appelle *Les Songes et
les sorts* » (146).

Une telle limitation s'explique en partie par le fait que le mythe est le
langage même de ces trois œuvres, qu'il en fournit les personnages, les si-

---

1. C'est Geneviève Spencer-Noël qui parle d'«irradiation alchimique» dans *L'Oeuvre au
noir, op. cit*, p.77.
2. «Mythologie, II», *Lettres Françaises,* 14, 1er octobre 1944, p. 34.

tuations, les événements principaux,[1] ou, dans le cas des récits de rêves, l'atmosphère et le sens symbolique. Yourcenar ajoute, comme par scrupule d'exactitude, que la notion de mythe «tenait aussi beaucoup de place dans la première version de *Denier du rêve*, qui est de ces années-là», (de1934). Mais dans sa courte liste, elle désigne d'abord *Feux*, de 1936, l'œuvre la plus autobiographique de toutes celles qu'elle republiera après la guerre, celle qui appartient à la période qui fut certainement la plus brûlante de sa vie, associée à ses longs séjours en Grèce. Le mythe et sa source grecque ont alors joué un rôle essentiel, lui permettant de transposer dans l'atmosphère «d'un monde onirique sans âge» un épisode passionnel (*OR*,1044). *Feux* représente l'illustration la plus nette de l'usage du mythe comme déplacement de l'autobiographie. Ce livre au statut générique si ambigu finira parmi les romans dans les *Oeuvres complètes,* bien qu'il soit fait d'une alternance de «proses lyriques» et de fragments du journal d'une crise amoureuse. Son œuvre poétique, à laquelle Yourcenar donne bien peu de place dans ses auto-commentaires, est pétrie de mythologie et effectue elle aussi un déplacement de la voix personnelle à travers des personnages mythiques.

Quant aux *Nouvelles orientales*, elles accomplissent, ainsi que presque tout le théâtre de Yourcenar, une réécriture de mythes ou de légendes. Ce sont les romans qui paraissent les plus éloignés de la mythologie, dans la mesure où «l'élément solidement réaliste l'emporte» (*Entr.*, 147). Mais dans la suite des mêmes entretiens, Yourcenar doit bien admettre finalement que la mythologie est partout dans son œuvre, puisque même les personnages réalistes la rejoignent «à leur insu». Elle est présente comme thème et horizon culturel dans *Mémoires d'Hadrien*. L'auteur reconnaît aussi «l'interpénétration du mythe et de la vie» dans tous ses autres romans. Elle fournit cependant une mise en garde qui devrait nous empêcher de fonder trop hâtivement nos interprétations sur le foisonnement des analogies mythologiques dans une certaine période de son œuvre :

> Datant d'une époque où les anciens mythes grecs, et les entités oniriques plus anciennes encore, étaient pour moi des fréquentations journalières, le premier *Denier du rêve* témoignait presque à chaque page de l'obsédant besoin de mettre sur tout geste ou tout visage son analogue mythologique, de faire entrer de force l'actualité dans un monde placé hors du temps et comme intériorisé. Th.I, 22

La vision mythique peut donc tourner à l'obsession et faire violence au regard sur l'histoire contemporaine en lui imposant un sens écrit d'avance et

---

1. Il faudrait distinguer celles des *Nouvelles orientales* où le récit légendaire est rapporté par un voyageur contemporain qui introduit un autre niveau narratif : «le Sourire de Marko», «Le Lait de la mort», et «L'Homme qui a aimé les Néréïdes».

un faux hiératisme. «Marcella [la femme qui va tenter de tuer le dictateur] est peut-être Némésis ou Méduse : elle est surtout une femme indignée» (23). Et il est vrai que Yourcenar corrigera cette manie de jeunesse, principalement après avoir appris à travailler de façon plus objective sur l'histoire — on pense ici à Hadrien — et sans doute aussi après avoir mesuré la futilité, et dans certains cas le danger, des interprétations mythologiques au regard de la violence de l'histoire qui a suivi la période de *Denier du rêve*.

Elle restera pourtant fidèle à une présence sous-jacente des mythes, dont toute son œuvre atteste de multiples manières la permanence, l'ubiquité et la malléabilité. Ils s'adaptent à tous les genres, à tous les thèmes, à tous les tons. Ils rattachent l'art au sacré, ils rapprochent le grandiose et le quotidien. «Ils ne sont rien s'ils ne nous suivent familièrement dans toutes les circonstances de la vie», lit-on dans la préface à *Qui n'a pas son Minotaure ?* (Th.II, 177).

Chez Yourcenar l'usage du mythe — on pourrait presque dire son exploitation littéraire — s'accompagne d'une vision de l'évolution culturelle qui touche à l'anthropologie, à l'histoire, et à l'esthétique. Sa réflexion est dispersée sur plusieurs articles de périodes différentes, mais elle suit des lignes de forces cohérentes, quel que soit le genre des œuvres commentées. Certains de ces essais des années trente serviront plus tard de préfaces à ses pièces, d'autres seront repris dans le recueil posthume de 1989, *En pèlerin et en étranger*. Il faut y ajouter la préface de *Feux* (datée de 1967) et la longue préface à *La Couronne et la lyre* (son anthologie de poésie grecque de l'Antiquité à nos jours, 1979), texte chargé d'érudition, capital pour comprendre l'intensité de la présence de la Grèce antique dans l'univers de Yourcenar et dans sa façon de percevoir la nature et l'histoire. Réflexion de lectrice et de voyageuse érudite, certes, mais aussi, en contrepoint, rêverie sur le mythe et sur l'histoire du mythe. D'où viennent les mythes ? Comment vivent-ils et jusqu'où résistent-ils aux avatars parfois extrêmes qu'ils traversent ? Pourquoi nous touchent-ils encore et que nous enseignent-ils ? Si toutes les histoires fondamentales ont déjà été racontées, pourquoi les raconter à nouveau ? Dans tous ces essais on retrouve donc la problématique du temps, si bien que la question de la fonction du mythe devient celle de savoir comment la pensée et l'imagination qui lui sont liées colorent notre perception de la temporalité.

Une idée générale s'impose à la lecture, même rapide, de ces essais : le mythe fait échec à la chronologie. Sans doute il raconte des histoires, mais dans lesquelles le temps ne se mesure pas, ne se date pas. Le mythe rapproche tous les temps. Alors que le souci d'exactitude chronologique semble répondre, dans l'écriture de Yourcenar, à un désir de dominer le temps par la mesure, l'appel au mythe correspond à un autre désir, celui de s'identifier avec le plus lointain, dans la chaude atmosphère «de rêverie voluptueuse, et aussi de scepticisme et d'ironie», (*Th.II*, 93) qu'implique la mythologie. C'est cet élan vers le syncrétisme, dont Yourcenar fait un des traits essentiels de la Renaissance, qui permet à l'imagination de rapprocher le temps et l'espace, et même ce qui est le plus éloigné dans le temps et l'espace. C'est essentiellement sous cet angle que je considérerai la question de la mythologie chez Yourcenar, et non du point de vue des variations thématiques des personnages et des situations mythiques, qui ont déjà été abondamment étudiées.

La source grecque

«Μυτολογια : la chose est grecque, comme le mot» (*EM*, 441).

Dans «Mythologie grecque et mythologie de la Grèce», qui date de 1938, Yourcenar affirme dès le début que la mythologie «a été pour l'artiste et le poète européen une tentative de *langage universel*» (440). Les particularités des circonstances humaines sont effacées dans ces histoires de dieux et de héros qui représentent à la fois des individus et des forces naturelles. «[La mythologie] a résolu le double problème d'un système de symboles assez varié pour permettre les plus complètes confessions personnelles, assez général pour être immédiatement compris» (443).

Considérer ainsi le mythe, comme permettant une mise en scène au niveau cosmique de passions et de fantasmes où nous nous retrouvons tous et toutes plus ou moins, apporte donc un début de réponse aux questions posées plus haut. Mais l'adjectif «universel», qui semble d'emploi évident et clair, est cependant plein de pièges. Il a dans ce contexte une origine et une histoire associées à la thèse du *miracle grec*, admise depuis l'âge classique et reformulée par Ernest Renan à la fin du XIXᵉ siècle. Certains aspects de cette thèse sont maintenant soumis à un examen critique en tant que support de la culture logocentrique, et même phallogocentrique, de l'Occident. Le reproche d'adhésion sans réserve à cette universalité a souvent été au centre des critiques, particulièrement féministes, adressées à Yourcenar. J'espère montrer qu'il faut lui reconnaître un sens de l'universel infiniment plus nuancé, et presque toujours exempt de l'idéologie dont on l'accuse.

Le langage qu'elle emploie dans la suite de l'essai montre à la fois son acceptation de la culture grecque et une volonté de la relativiser. Yourcenar place tout d'abord ce langage universel du mythe «au même rang que l'algèbre, la notation musicale, le système métrique et le latin d'église» (440). C'est un système de signes parmi d'autres. De plus, tous ces langages définissent une aire culturelle précise, et, pour cette Europe dont elle fait partie, un héritage culturel bien déterminé, celui du classicisme méditerranéen. Ce n'est pas tant à la vérité de contenu du mythe qu'elle fait appel pour étayer l'affirmation d'universalité de ce langage qu'à l'assurance d'une source commune, d'une communauté culturelle dans laquelle on se reconnaît et où on se comprend grâce à tout un système d'allusions. Elle finit bien sûr par faire sien cet héritage, à travers une accumulation d'exemples qui couvrent de vastes pans de la culture occidentale. Anthropologue plus que philosophe dans cet essai, Yourcenar pose une universalité de fait et non de droit, de langage et non de raison, et semble dire «je n'en connais pas d'autre» pour notre monde méditerranéen. Nous verrons que tout en glorifiant la Grèce, elle ne met pas au-dessus de toutes les autres la pensée occidentale.

Le mythe touche toujours à un rêve d'origine, et ici, la source qui fait autorité, le point de départ de *notre* imagination mythique est cet espace-temps qu'est la Grèce d'Homère, ce moment où les vieux drames se sont organisés en des récits qui alimentent encore l'art et la littérature. Mais Yourcenar ne cesse de rendre problématique l'aspect temporel de cette origine, tout d'abord en indiquant que les mythes tiennent davantage à la géographie qu'à l'histoire, et qu'à défaut de date de naissance, ils possèdent un pays natal qui à son tour engendre toute une géographie imaginaire et passionnelle.

> De très bonne heure, et pour le plus grand bien de l'imagination humaine, le prestige des mythes a peu à peu transformé en concepts mythologiques les lieux eux-mêmes où le mythe prit naissance, établissant ainsi un grand pays fictif parallèle à celui des cartes, où Cythère et Lesbos sont des îles, mais aussi des vues sur l'amour, qui comprend les bouches des Enfers, mais aussi le golfe de Corinthe, où l'Arcadie ressemble tantôt à la Provence, tantôt à l'Angleterre. 443[1]

Ce «de très bonne heure» qui ici nous renvoie à une obscure nuit des temps vaut certainement de façon plus précise encore pour son histoire personnelle, puisque nous savons que la source grecque a nourri les lectures de la jeune Marguerite bien avant qu'elle ne connaisse la Grèce réelle. Les livres sont «la première patrie», comme elle le fera dire à l'empereur Hadrien. Ses tout premiers poèmes le prouvent. *Le Jardin des Chimères* (1921) est un drame en vers sur la légende d'Icare et *Les Dieux ne sont pas morts* (1922) un recueil de poèmes inspirés de l'Antiquité. Bien que ces deux volumes signés Marg Yourcenar (premier jeu avec le pseudonyme) aient été vigoureusement désavoués par l'auteur comme d'«impardonnables juvenalia», ce sont les révélateurs de l'imaginaire d'une jeune fille vivant

---

1. Echo de Giraudoux : «Je leur devais [à mes maîtres] une vie large, une âme sans bornes. Je leur devais, en voyant un bossu, de penser à Thersite, une vieille ridée, à Hécube.» *Simon le Pathétique,* Grasset, 1918, p. 25.

intensément de ses lectures.[1] A l'époque où toute une avant-garde s'efforçait de secouer le poids de l'héritage culturel, Yourcenar, elle, en faisait un inventaire passionné. Par la suite, ses références à la mythologie se libéreront des clichés symbolistes et des allégorisations abusives. Grâce en partie à sa lecture de Shakespeare, de Racine, et de Giraudoux, elle fera du mythe une utilisation beaucoup plus subtile et beaucoup plus souple.

Par leur contenu et leur lien à notre géographie imaginaire, les mythes transcendent le temps, et ils nous y ramènent cependant par la manière dont ils sont reçus et transmis. Ils sont «passerelles» ou «bouées», images par lesquelles Yourcenar désigne ce qui nous aide à traverser ou à sillonner l'océan du temps. C'est là la richesse syncrétique du mythe : il nous rattache à une source, et cependant il ne nous parle pas tant du passé qu'il ne nous permet de parler de nous-mêmes à travers des histoires répétées au cours des siècles. C'est comme un condensé de signification qui enrichit le sens de notre histoire, même si on sent toujours affleurer le danger d'effacer le relief de l'événement unique, incomparable, sous la patine du mythe.

> Quand Eugene O'Neill intitule son énorme drame sudiste *Mourning Becomes Electra (Le Deuil sied à Electre)*, il fait profiter ce fils et cette fille assassins de toute la force accumulée de la légende, et nous rappelle que le parricide est après tout une forme vénérable du malheur. Une génération assiste au sac de Rome, une autre au siège de Paris ou à celui de Stalingrad, une autre au pillage du Palais d'Eté : la prise de Troie unifie en une seule image cette série d'instantanés tragiques, foyer central d'un incendie qui fait rage sur l'histoire. 440

La Grèce est pour nous une source parce qu'elle s'est inscrite dans un langage et dans une littérature qui perpétuent sa présence de siècle en siècle. Cette création de la Grèce est à la fois ,voyage de retour aux sources et répétition. La continuité lui est indispensable. C'est ainsi que Yourcenar, retraçant les variantes du mythe dans les préfaces de ses «trois pièces à sujet renouvelé des Grecs» (*Th. II*, 99) fait arriver la Grèce jusqu'à nous à travers Moyen-Age, Renaissance et Romantisme. Ainsi justifie-t-elle aussi que «[l]es mythologies germaniques ou celtiques, mêlées à notre sang, sinon à notre histoire» ne se soient pourtant pas intégrées au trésor commun parce qu'elles ont souffert «deux mille ans d'éclipse», entendons d'éclipse littéraire, pour nous.

---

1. Ces vers de jeunesse ont souvent un ton et une facture excessivement conventionnels, les personnifications et allégorisations désuètes touchent peu le lecteur moderne («Mais où la jeune Gloire exalte ses vainqueurs . . . »). Yourcenar y abuse de l'adjectif antéposé qui fait cliché («impassible azur» ou «clairs promontoires»). Mais çà et là un beau vers ou une émotion originale arrêtent la lecture.

... le succès isolé de Wagner n'a pas remis à flot la barque du rêve nordique; le poème de Yeats n'a pas refait de l'histoire de Deirdre un mythe de chair et de sang; et il a fallu les hasards combinés du drame de Wagner et du roman de Bédier pour sortir Tristan et Iseut, héros éponymes de l'amour, du brouillard où s'est vite dissipée la mythologie celtique. . . . L'amère et limpide douceur de l'amour coule dans Racine comme dans Marie de France, mais le visage qui s'y mire est celui de Bérénice et non d'Iseut la Blonde. *EM*, 442

La suite du texte de «Mythologie grecque, mythologie de la Grèce» révèle le double sens de la deuxième partie du titre : cette Grèce (entendue au sens large) est elle-même un objet d'élaboration mythologique, fruit de sa propre persistance au cours des siècles. Tout se passe comme si sa durée même l'hypostasiait en origine des autres mythes. La Grèce est notre source parce que «[p]eintres ou poètes . . . ont tous besoin d'un grand pays bien à eux, celui de leurs songes. . . La tradition grecque a été pour des générations cette clef des Champs-Elyséens» (443). Pourquoi les songes, les sorts et les passions se seraient-ils une fois pour toutes projetés dans ces paysages secs autour de la mer Egée plutôt que dans les brumes du Nord, sinon parce que nous n'avons pas cessé d'enrichir la «source grecque» de nos propres drames ? Nous pourrions retracer toutes les étapes de cette filiation. La tradition nous crée et nous la créons en retour, Tolstoï se gorgeant de *L'Iliade*, Valéry méditant devant la Méditerranée en philosophe éléate, évoquant «Zénon, cruel Zénon, Zénon d'Elée». Mais il y a chez Yourcenar un mouvement de pensée qui va au-delà de ce qui pourrait n'être que la description d'une dialectique culturelle. Ici comme en bien d'autres endroits de son œuvre elle esquisse une critique déconstructrice. La Grèce des origines est perdue, elle est devenue cette Grèce qui continue à vivre dans notre culture, cause finale autant que point de départ. Traçant la genèse de la continuité mythologique, elle accomplit une véritable inversion de la cause et de l'effet, faisant de cette recherche une mise en question de l'origine, tout comme elle le fait dans le cas de son œuvre propre.

Aussi bien tout moment que nous croyons initial est-il toujours relatif. Yourcenar s'accorde sur ce point avec les analystes de la mythologie grecque. Déjà Sophocle «dans le chœur de l'*Oedipe à Colone* . . . contribue à la création d'une Athènes légendaire» (*Th.II*, 33). Le mythe résiste donc à la chronologie par sa manière de signaler une origine à laquelle on ne peut pas assigner de date. Il reste sans auteur véritable, ou s'il semble en avoir, on pourrait toujours encore remonter en deçà. Sappho n'est pas l'auteur du mythe qui porte son nom, puisque ce n'est pas son œuvre qui en est l'objet, mais sa vie et sa personne. Comme l'écrit J. L. Borges, «peut-être la fable grecque du Minotaure n'est-elle que la version tardive et maladroite de mythes très anciens, l'ombre d'autres rêves encore plus horribles».[1]

Et inversement, ce que nous croyons tardif ou dérivé est animé d'une force primitive. On peut habiller les personnages de moderne, les réduire à des dimensions quotidiennes triviales, ils bénéficieront toujours de l'aura de leur nom, même dans un cas aussi extrême que celui du *Prométhée mal enchaîné* d'André Gide ou de l'Icare de Raymond Queneau. Ce sont des symboles à la fois larges et profonds. Jean Giraudoux semble rompre avec la tradition en choisissant comme héros éponyme de son roman *Elpénor* le plus obscur et le plus sot des marins d'Ulysse, mais il fait fond sur la poésie de *L'Odyssée* pour animer ce jeu de retournement. Yourcenar ne mentionne pas ces exemples parodiques, mais on sent bien que pour elle, un nom comme Oreste ou Eurydice est d'abord une référence stable. Electre est la vierge vengeresse, Antigone notre éternelle résistante qui a sa place à toutes les époques. Dans ses tours d'horizon des drames mythologiques au cours des siècles, Yourcenar salue cette résilience des mythes, et va même au-delà en montrant que la répétition les enrichit. Toutes ces histoires déjà racontées et reracontées acquièrent à chaque nouvelle reprise des possibilités de significations nouvelles, tragiques ou ironiques, par la multiplicaton des signaux intertextuels. Ainsi la Phèdre de *Feux* n'est pas seulement athénienne, «c'est l'ardente coupable que nous tenons de Racine» (1044). Yourcenar , choisissant un «thème traditionnel, débrouillé d'avance», reconnaît profiter du «crédit inépuisable que nous ouvre le drame grec, de cet espèce d'admirable chèque en blanc sur lequel chaque poète . . . peut se permettre d'inscrire le chiffre qui lui convient» (*Th. II*,19). Le récit mythique, ou plutôt la somme de ses variantes, est pour elle comme un condensé des siècles qui s'échelonnent entre l'antiquité homérique et nous. Les liens entre le passé et le présent passent ainsi par une poétique de l'espace au sens bachelardien du terme, poétique soutenue par de grands archétypes communs à toutes les cultures, qui portent la marque de l'insistance de l'inconscient : à côté du dédale souterrain, ce labyrinthe central dans l'œuvre de Yourcenar, l'île, le fleuve et la mer. A côté des archétypes spatiaux, les modèles de passion ou d'action que sont Phèdre, Antigone, Icare, Orphée ou Thésée. Les actions héroïques sont toujours liées à des parcours d'espace, en particulier pour ces trois dernières figures de voyages initiatiques vers les hauteurs du soleil ou les profondeurs chtoniennes. A ce niveau, espace et temps échangent leurs qualités. Electre

---

1. Cité par Blanca Arancibia, «Le Mythe du Minotaure chez Yourcenar, Borges et Cortazar», *Marguerite Yourcenar et l'art, L'art de Marguerite Yourcenar*, Actes du Colloque tenu à l'université de Tours en novembre 1988, SIEY, 1990. p.260.

peut être grecque et française, antique et moderne — et déjà d'Eschyle à Sophocle Electre a des nuances différentes — parce que le primitif renvoie au primordial, au profond, à l'inconscient tout autant qu'à ce qui a précédé les temps où nous vivons.

Orient

Mais ce «grand pays des songes» auquel Yourcenar fait allusion a des frontières mouvantes, comme tout espace imaginaire. Yourcenar étudiant la Grèce essaie de nommer ce qui se devine avant l'apparent commencement ou en deçà, si ce n'est au-delà, retrouvant ces «temps où la Grèce était une Inde encombrée, mais non accablée de dieux».

> Nous ne pouvons plus qu'admirer de confiance ce dieu d'ivoire et d'or dont la mention seule nous rappelle qu'Olympie fut un lieu où l'on venait prier autant que recevoir des couronnes. Mais, avant l'introduction du culte de Zeus, d'autres statues trônaient ici, des statues de femmes : Héra aux yeux bovins, éternelle comme l'herbe, paisible comme les bêtes des champs. Le Zeus plus tardif n'est qu'un doublet barbu de cette grande femelle sainte. *EM*, 429

Dans ces trois belles pages intitulées «La Dernière Olympique», se trouve une des rares évocations d'un féminin originaire, d'une déesse mère et terre qui aurait précédé le dieu barbu des joutes masculines. Sa vertu bénéfique se retrouve dans quelques-unes des femmes des romans, à peine indiquée chez l'avare Mère Dida de *Denier du rêve*, très marquée chez la Dame de Fröso qui a, un court moment, procuré un asile heureux à Zénon.

La Terre est la mère des héros. Yourcenar montre tout l'héroïsme sportif d'Olympie s'estompant pour laisser paraître la silhouette des grandes déesses femmes qui habitent l'univers. L'autre sexe alors devient *l'avant*, mais aussi l'ailleurs. Le mythe permet de parler de différence sexuelle tout autrement que par ce «petit réalisme psychologique» pour lequel Yourcenar n'a que mépris (*Th. II*, 103). La mésentente des sexes, leur guerre, ne peut être représentée que par les drames presque sacrés des époux divins ou héroïques. Yourcenar semble toujours chercher ce qu'il y avait avant nos différences telles que nous les formulons maintenant, nos différences de civilisés. C'est dans les mythes que l'on trouve ces jeunes filles viriles, égales des héros, et ces jeunes hommes qui unissent force et fragilité, comme Hippolyte (430). Dans un texte légèrement postérieur à «Mythologie grecque et mythologie de la Grèce», écrit en conjonction avec sa pièce *Le Mystère d'Alceste*, Yourcenar joint Alceste, l'épouse sublime, à la petite troupe des vierges héroïques. Elle montre comment en plaçant Alceste «au sommet de l'échelle des amours humaines, femme virile, égale des amants mâles», Chaucer a rejoint «la tradition prise à sa source».[1]

A Olympie, la voyageuse regarde vers l'Est, et l'*Orient* contient une notion de commencement temporel aussi bien que spatial. C'est le point où se lève le soleil, où commence le jour. Par l'imagination mythique, l'espace rejoint toujours le temps. Tous les temples sont orientés, nos pensées et nos rêves le sont aussi. L'œuvre de Yourcenar pourrait illustrer cette remarque de l'orientaliste Raymond Schwab : «La notion d'Orient, telle qu'elle est en soi et en nous, représente un ensemble de vues sur le Temps, d'attitudes à l'égard du Temps, d'arrangements avec le Temps, une certaine pratique du Temps».[2] Hadrien, son héros civilisateur, lui aussi regarde vers l'Est. Son Orient à lui, par rapport à Rome, est d'abord la Grèce, cette «Athènes sèche et blonde» mère de la latinité, où il apprend l'aisance de l'esprit et du corps. Puis ce sont des terres plus lointaines aux étranges dieux, aux étranges pratiques telles que le culte de Mithra, qui donnent l'impression de s'enfoncer dans les mystères de l'âme plutôt que de voyager à la surface de la terre. La pensée de Zénon va encore plus loin vers l'Est, vers ce qui est peut-être l'origine de la pensée alchimique. Yourcenar a choisi, d'après son «Carnet de notes», de «montrer Zénon prenant contact avec l'Orient grâce à un musulman hérétique, lui-même renseigné sur certaines méthodes de la pensée hindoue», ce qui permet de lui prêter de «classiques méditations bouddhiques» dans le chapitre de «L'Abîme» (869). C'est grâce à une forme de pensée orientale sur l'effacement des frontières entre le temps, le lieu et la substance que Zénon émerge de l'angoisse du temps et du labyrinthe des théories, et sort du «défilé noir» (705). Non que cette pensée lui ait donné des armes de réfutation, mais elle l'a transformé. L'abîme est la découverte d'une liberté intérieure diamétralement opposée à l'esprit d'argumentation.

> A vingt ans, il s'était cru libéré des routines ou des préjugés qui paralysent nos actes et mettent à l'entendement des œillères, mais sa vie s'était passée ensuite à acquérir sou par sou cette liberté dont il avait cru d'emblée posséder la somme. On n'est pas libre tant qu'on désire, qu'on veut, qu'on craint, peut-être tant qu'on vit. 693

Qu'en est-il de l'Occident ? Est-il la dés-orientation de la mémoire ? La mémoire mythique fonctionne-t-elle encore pour nous ? Ou encore n'est-ce pas au prix d'un aveuglement, ou même d'un refus du présent qu'elle peut fonctionner ? N'y a t-il pas entre notre présent, notre présence

---

1. «Mythologies II», *Op. cit.* Ce texte fournit la matière de la préface au *Mystère d'Alceste*, publiée en 1963 avec la pièce sous le titre «Examen d'Alceste». La version de 1963 est plus nuancée quant à l'appréciation de l'Alceste de Chaucer.

2. «Domaine oriental», *Histoire des littératures*, éd. La Pléiade, 1955, p.163. Cité par Jacques Huré, «L'Indianité de Marguerite Yourcenar», *Marguerite Yourenar et l'art* , *Op.cit.*, pp. 51-59.

à l'Occident et l'écoute de notre mémoire mythique quelque chose comme une incompatibilité ?

Un curieux petit livre de Florence Dupont, *Adieux à Marguerite Yourcenar* sous-titré *Nouvelles occidentales,*[1] s'inscrit au milieu de ces questions. Ce sont de courtes nouvelles habitées par une voix narratrice qui s'impose fortement comme voix de femme. Elles reprennent de manière allusive, et parfois en les retournant, quelques thèmes de Yourcenar : souvenirs, érudition, statue grecque repêchée dans la mer, jeunes gens anonymes de Cavafy. «Aux pieds d'un Hercule Farnèse» est nettement un signe de reconnaissance à Yourcenar, peut-être à la fois clin d'œil et gratitude, imaginant un moment de tendresse pour une philologue vieillissante et superbe qui tranche sur la grisaille de ses collègues masculins à la laideur abstraite. «Grec, latin, hébreu, araméen, elle avait tout lu et tout appris à l'ombre de son père. . . . Elle cultivait, protégée par le hittite et la grammaire comparée une vie secrète et libre dont ses livres, frénétiquement érudits, étaient la chronique muette. . . . C'était en eux et non dans la glace qu'elle se reconnaissait» (31). A part le moment de communion fantasmée avec le corps de cette femme («un corps qui se réveille dans les marges du temps» [39]), la femme plus jeune qui est la narratrice de ces récits essaie en vain de suivre le modèle Yourcenar dans ses aventures de chercheuse et de voyageuse. Les villes sont pleines de signes multiples, mais ce sont comme des réminiscences sans clefs. Il n'y a pas de pont entre l'érudition et le présent. Ces nouvelles font mesurer combien une femme pour qui l'Orient reste toujours étranger, voire menaçant, peut résister à l'intimation de ressentir le langage de la source mythologique comme universel. Elle marche dans les villes, rêvant Alexandrie à Chicago, Alger à New York, mais sans réconciliation possible. Il y a pour elle des mémoires, isolées, peut-être brisées comme les statues antiques repêchées de la mer, chacune dans sa ligne de temps.

Au contraire, Yourcenar choisit de croire que ces mémoires irréconciliables sont portées par «l'océan du temps», unité mystérieuse dont la grande vague mythologique, celle qui lui permet d'écrire des *Nouvelles orientales*, nous donne peut-être une idée. Elle marche vers l'Orient sans porter le malheur d'une conscience de femme occidentale (malheur du colonialisme, malheur de la guerre des sexes). Son désenchantement à l'égard de l'Occident est tout autre.

1. Editions des Femmes, 1978.

Permanence et changement

S'il n'y a pas de véritable version princeps du mythe, il ne devrait pas y avoir à proprement parler de dégradation, à condition toutefois, diront les mythologues, que certains éléments y demeurent comme invariants à travers leurs inévitables transformations. Il s'agit ici de mythes au sens de récits, ce qui est déjà, dirait Lévi-Strauss, une forme éloignée des sources de la pensée mythique. J'ai évoqué plus haut la résistance des mythes aux traitements parodiques infligés par les auteurs au cours des siècles. Paul Ricœur commentant la classification établie par Northrop Frye dans *L'Anatomie de la critique*, remarque que «la fiction, en Occident, ne cesse de déplacer son centre de gravité du haut vers le bas, c'est-à-dire du héros divin vers le héros de la comédie et de la tragédie ironique, y compris la parodie de l'ironie tragique. Cette loi de descente n'est pas forcément une loi de décadence».[1] C'est le passage du «mythe sacré» au *muthos* au sens aristotélicien d'intrigue qui actualise ce qu'il y a de distanciation ironique implicite dans toute histoire racontée.

Yourcenar, dans des notations condensées, évoque une évolution semblable créant des transitions entre le mythe sacré et la légende historique, «grande nappe souterraine où se sont lavés les ancêtres» (*EM*, 441). Les mythes subissent l'histoire. ils finissent par devenir mimétiques, puisqu'ils absorbent des personnages réels, tels Alexandre et César, dans le flux de leurs récits. Et inversement l'histoire s'inspire des mythes. Mais ceux-ci *résistent* aussi à l'histoire, et c'est un aspect important de leur transmission.

> Le lecteur ne sait pas que Tolstoï écrivant *Guerre et paix* se gorgeait de *L'Iliade*, mais le moins subtil d'entre nous sent que Bolkonski est un avatar d'Hector. A un autre point de vue, l'histoire galante des dieux, à travers l'érudition claustrale du Moyen-Age et la fantaisie de la Renaissance, a contribué à sauvegarder les éléments érotiques de la culture. 441

La fonction culturelle de la mythologie est donc bien, à certaines époques, de maintenir certains éléments essentiels de l'expression des passions humaines qui risqueraient d'être étouffés sous une culture dominante.

Mythe de l'âge d'or ou âge d'or des mythes ? Dans son deuxième recueil de poèmes, *Les Dieux ne sont pas morts*, Yourcenar s'est abandonnée avec la ferveur des premiers essais littéraires à la célébration du passé symbolisé par les mythes. Le premier poème, «Les Rafales», dit le dégoût des «nouvelles villes» et demande aux vents la fuite «vers les cités antiques. . . /Vers les vallons aimés des chantres de la Grèce» (10-11). Elle rêve dans «Regrets helléniques» de «vivre au siècle de Platon», traçant un tableau

---

1. *Temps et récit, Op.cit* , T. II, p.30.

assez scolaire d'une Grèce parnassienne qui est comme un compendium de sa culture du moment. Une nature païenne et primitive, habitée par les dieux et les nymphes des bois, annonce le respect pour le caractère sacré de l'univers qui se développera dans les œuvres de sa maturité. Mais trop souvent, dans ces poèmes domine le thème devenu presque banal après Nietzsche de l'exaltation de la gaîté païenne par opposition à une tristesse chrétienne.

Quand on passe des poèmes aux «examens» des pièces de théâtre, on mesure à quel point Yourcenar a fait effort pour s'imposer une discipline critique et dégager sa culture mythique des clichés, même s'il reste quelque chose de la nostalgie de sa jeunesse. La préface au *Mystère d'Alceste* fait appel à «une sage méfiance à l'égard de nos systématisations d'aujourd'hui, de nos explications freudiennes ou marxistes des grands mythes de la préhistoire» (*Th.II*, 85). C'est en anthropologue, et je dirais presque en structuraliste que Yourcenar tente de remonter en deçà de l'expression littéraire pour reconstituer l'ensemble du mythe d'Alceste. Elle se sert pour cela des «détails qu'Euripide, trop grand artiste pour ne pas élaguer tout superflu, a heureusement laissé tomber, mais que la tradition nous rapporte». Alors cette Alceste mourant pour Admète apparaît «à peu près contemporaine de victimes féminines mises à mort, avec leur consentement réel ou fictif, sous les fondations de bâtisses de l'âge du bronze, afin d'en mieux assurer la solidité» (87). On pense infailliblement à la légende balkanique des *Nouvelles orientales*, «Le Lait de la mort», qui se trouve ainsi apparentée au mythe grec par le sacrifice volontaire de la jeune femme.[1]

Il y a très évidemment pour Yourcenar une évolution des mythes, du sacré vers le quotidien, puisqu'il n'est pas possible de penser le temps sans penser le changement, et elle n'échappe pas à l'entraînement de métaphores de l'évolution qui se trouvent qualitativement valorisées. Plus nous remontons dans la nuit des temps, c'est-à-dire moins nous en savons au sujet des mythes, et plus les drames qu'ils présentent semblent forts et purs.

> [Dans l'*Alceste* d'Euripide] nous croyons assister à une mue et à un passage; la lumière qui y règne n'est plus l'aurore sanglante et fulgurante d'Eschyle ni le plein midi sophocléen; nous sommes encore bien loin du crépuscule, mais d'étranges et chaudes ombres d'après-midi commencent à s'y étendre sur le mythe grec. *Th.II*, 92.

L'image du passage de l'aube au crépuscule n'est pas suffisante pour parler de dégradation. De l'aurore au soir, il y a moins de lumière, pas néces-

---

1. Pour une analyse du sacrifice, et une interprétation réfutant les critiques qui accusent Yourcenar de privilégier les rôles de victimes pour les femmes, voir Joan E. Howard, *Sacrifice in the Works of Marguerite Yourcenar. From Violence to Vision*. Carbondale : Southern Illinois University Press, 1992.

sairement moins de beauté ou moins de sens. Mais ces lignes suggèrent que pour apprécier pleinement le mythe, il faut essayer de le retrouver aussi près que possible de sa source. Et pour remonter le temps, il faut mesurer les changements.

Ailleurs dans son œuvre, Yourcenar rejette fermement la croyance en un âge d'or, dans laquelle elle voit la menace de l'idéologie d'une aristocratie dominante qui voudrait maintenir son prestige en exaltant une race ou une caste élue depuis l'aube des temps. Julius Evola, qu'elle évoque dans «Approches du Tantrisme» (*EM*, 398-403) et Yukio Mishima sont tombés dans ce piège et ont entaché leur pensée de cet égoïsme particulariste. Mais pour Yourcenar il y a un autre âge d'or, celui où l'on sentait la présence des Nymphes dans les sources et des Hamadryades dans le bruissement des feuilles. Ces mythes panthéistes mesurent notre perte du sens du sacré de la nature. A Olympie, elle note que «tout ici proclame non pas tant la métamorphose que la profonde identité» (*EM*, 429). Rejetant les regrets lyriques des premiers poèmes, elle dégage les lignes d'une sensibilité formée par le mythe en résonance avec le cosmos. «En fait, l'homme grec est *encore* dans la nature : il n'a pas lieu de s'émouvoir tragiquement sur elle, comme nous qui l'avons assassinée» (*CL*, 32). Il y a là une sagesse perdue dans notre dure histoire de conquête et de domestication de la nature, avec laquelle nous pouvons peut-être renouer.

Récrire les mythes ?

Ce n'est pas seulement une manière d'approfondir leur leçon, c'est aussi pour Yourcenar une expression indirecte de soi à travers un langage archétypal. Mais si la poésie et le genre dramatique ont toujours convenu au mythe, le roman dans sa forme moderne lui résiste davantage.

En dehors des considérations de période ou de genre, on pourrait identifier trois aspects de l'intervention du mythe dans l'écriture de fiction de Yourcenar. Au niveau le plus évident se trouvent les protagonistes mythiques et légendaires directement transposés qui animent par exemple les neuf petits contes (l'auteur les appelle «poèmes en prose») de *Feux*, dont certains se retrouvent dans le théâtre (Clytemnestre dans *Electre et la chute des masques*, Phèdre dans *Qui n'a pas son Minotaure?*). A un autre niveau, les mythes font partie de l'univers mental des personnages de roman. C'est particulièrement vrai pour Hadrien, tout imprégné de culture grecque et très au fait des croyances du Moyen-Orient. La Renaissance dans laquelle Yourcenar situe *L'Œuvre au noir* est aussi une grande période de pensée mythique, mais le climat intellectuel et spirituel du roman inclut aussi toutes les formes de connaissance préscientifique, telle l'alchimie, courant occulte à la différence du courant mythologique. A côté de ces incarnations précises ou des références faites par les personnages, le mythe est présent aussi par les interventions de la voix narratrice dans tout récit à la troisième personne. Les chroniques familiales n'en sont pas exemptes, bien au contraire.

Feux est l'exemple le plus net de réécriture directe, entre poème et fiction, où l'intégration des mythes est particulièrement bien réussie. Yourcenar y exploite la capacité allégorique et la valeur expressionniste de certaines figures et situations mythiques. Elle le fait dans un style serré et rapide, qui manie l'anachronisme et les raccourcis d'images avec beaucoup d'assurance. La durée dramatique n'a pas de place dans ces vignettes. Nous savons bien par exemple qu'Achille ira combattre sous les murs de Troie, mais il s'agit pour Yourcenar de le saisir comme en plein vol à un moment de sa destinée («Achille ou le mensonge»). Elle imagine, en la composant par de petites touches successives, sans conjonctions temporelles ni causales, et sans alinéa dans la typographie de ces six pages, la scène où Achille est reconnu par Ulysse sous son déguisement de jeune fille, et où il accepte allègrement son destin.

Les adaptations théâtrales posent d'autres problèmes, ceux du développement du drame, même si les drames essentiels des épisodes mythologiques correspondent bien, dans leur brièveté souvent brutale, à la durée ramassée d'une pièce. Récrire les mythes des tragédies grecques, c'est pour Yourcenar expérimenter avec une intrigue en testant sa permanence jusqu'à un point de rupture. Son jeu consiste à manipuler les éléments selon certaines règles, à discuter ces règles et les redéfinir aussi librement qu'elle peut. Car c'est un jeu apparemment que de faire d'Oreste le fils d'Egisthe et non d'Agamemnon, et de voir s'il est toujours possible de lui faire accomplir sa vengeance en dépit de la révélation qui lui est faite de sa véritable filiation, comme Yourcenar le fait dans *Electre ou la chute des masques*. Voici le point de départ, tel qu'elle le décrit avec une sorte de gourmandise dans l'avant-propos : «Si, par exemple, le Prince de Danemark s'apercevait qu'il n'est pas le fils du monarque assassiné, mais au contraire celui de l'assassin et de l'usurpateur, s'il se découvrait tout à coup issu de cet adultère à demi incestueux qu'il réprouve, solidaire de sang et d'intérêt avec le parti du crime ?» Yourcenar lance cette question comme s'il s'agissait seulement d'un changement dans la distribution des cartes au début de la partie, et encore une fois, comme dans d'autres préfaces,[1] elle cherche les solutions stylistiques à un problème dont les termes humains sont écrasants. «J'avais

1. Voir la préface du *Coup de grâce.*: «Quand Eric et Sophie se retrouvent à la fin du livre, j'ai essayé de montrer . . . cette intimité ou cette ressemblance plus forte que les conflits de la passion charnelle. . . . Au point où ils en sont, il importe peu laquelle de ces deux personnes donne ou reçoit la mort.»

d'abord pensé à traiter ce thème sous la forme du journal d'un acteur ambulant hébergé par Hamlet à Elseneur. . . . L'essai projeté devint dialogue, et le dialogue tragédie» (*Th. II*,18-19). Entre temps, évidemment, le projet s'est déplacé du Danemark à la Grèce car elle s'est rendu compte qu'on ne pouvait plus toucher à l'histoire d'Hamlet qui selon elle «n'appartient plus qu'à Shakespeare». Seul le drame grec laisse carte blanche à l'écrivain contemporain.

Electre *ou la chute des masques* est un exemple particulièrement intéressant car il montre les liens étroits entre l'analyse du mythe, la mise en évidence de son universalité et l'histoire de sa recréation. Le jeu auquel Yourcenar se livre soulève bien des questions qu'il est impossible d'examiner à fond ici. L'expérience peut paraître truquée puisque l'auteur est en principe libre de fabriquer le dénouement qui prouverait ce qu'elle veut. Mais elle fait aussi ressortir la force des contraintes de la conformité à une vérité de la tragédie, que Yourcenar cherche en deçà de toute configuration particulière des rapports humains. Elle réfute d'avance les interprétations fondées sur la psychologie des relations entre la fille et la mère, comme sur les étapes de la découverte de la vérité. La chute des masques, les révélations successives de la pièce sont devenues pour elle, en cours de travail, comme un accessoire. C'est «une sorte de nettoyage par le vide» (19). Cette pièce est en fait une histoire de transmission de la haine, et de permanence du destin. «J'aurais surtout, je le sentais, à montrer au contraire l'affreuse ou sublime persistance des êtres à demeurer eux-mêmes, quoiqu'on fasse»(20). La petite manipulation des données de base, qui fait qu'Oreste n'est plus le fils d'Agamemnon, n'est donc pas aussi arbitraire qu'elle peut sembler, puisqu'en le faisant fils de l'usurpateur, Yourcenar maintient solide, même en le modifiant, le réseau des liens du sang, de la complicité, de la haine et de la loi (21). On retrouve alors une de ses formules familières, *il importe peu*. «A un certain niveau, il importe peu que la haine d'Electre soit ou non de l'amour retourné, comme il importe peu que le vengeur soit fils d'Agamemnon ou fils d'Egisthe» (19). C'est une façon radicale de minimiser l'importance du psychologique, et en même temps de déplacer l'ordre paternel du physiologique au culturel, ce qui ouvre beaucoup de questions.

Plus troublant est le fait que Yourcenar semble fixer toute son attention sur le fils vengeur au détriment de l'héroïne éponyme de la pièce. Est-ce seulement parce qu'elle était partie d'un jeu avec l'intrigue d'Hamlet, autre héritier d'un trône usurpé ? Sa justification est infiniment plus complexe et aboutit à cette vision de l'indifférence des sexes au cœur de la tragédie, déjà exprimée au sujet du *Coup de grâce*. De même que le parricide cesse d'être une action humaine pour n'être qu'«une forme du malheur», l'identité sexuelle des personnages qui composent le trio frère, sœur et comparse disparaît dans la communauté d'espèce et de danger.

> *Electre ou la chute des masques* n'existe à mes yeux que sous l'aspect d'un enchevêtrement de racines ou du triangle humain des monnaies de Sicile,[1] groupe inséparable que l'inconscient et le sexe expliquent tout autant et tout aussi peu, que le devoir et la voix du sang ne le faisaient autrefois, compagnons d'équipe étroitement et différemment liés les uns aux autres par le péril, la haine, l'habitude sensuelle, la misère ou l'attente, marqués par la même mort et pour les mêmes fins, complices encore plus que frère et sœur, affiliés encore plus qu'amants ou qu'amis. 21

On ne peut mieux dissoudre le malheur individuel dans les «formes vénérables du malheur», ce qui aide à comprendre que Yourcenar ait fait appel au mythe pour accomplir l'écriture cathartique de *Feux*.

Le drame mythique consiste toujours à expliciter un sens préexistant. Mais nous voyons que Yourcenar lui imprime son cachet personnel. Dans «L'examen d'Alceste», ayant défini des thèmes établis à demeure dans notre inconscient et notre conscience — «l'idée de l'immortalité unie à celle d'un dieu sauveur triomphant de la mort, et l'idée du salut d'un être obtenu par le sacrifice volontaire de l'autre», (*Th. II*, 87) — elle désigne comme «la scène à faire» la confrontation entre Hercule et la mort, que les Anciens ne pouvaient pas présenter sur scène. Cette scène a toutes les complaisances de l'auteur et tendrait à déplacer l'intérêt de la pièce vers la question de la signification de la mort, s'il n'y avait ensuite une autre scène montrant la vraie victoire d'Hercule, sur Alceste cette fois, qu'il lui faut convaincre de revenir à la vie.[2]

«La chute des masques», ce titre étrange pour une pièce inspirée d'un théâtre où il était d'usage d'en porter, dit peut-être qu'il faut cesser de chercher «l'alibi du masque grec [pour] nos subtilités et nos angoisses, nos jeux d'esprit et nos maux» (*Th. II*, 99), et nous reconnaître dans les figures antiques de la passion et du sacrifice.

Leçon d'un récit manqué

Une fois dans sa carrière, Yourcenar a voulu unifier tout un roman sous l'égide d'un mythe, dans *La Nouvelle Eurydice*. Roman raté, roman rejeté. En dehors des causes d'échec esthétique déjà relevées, certaines par l'auteur elle-même (voir chapitre I), il y a d'autres leçons à tirer de cette tentative. Yourcenar a essayé de présenter une intrigue réaliste sous le cou-

---

1. Il s'agit d'un motif appelé triskèle ou triquètre représentant trois jambes repliées ou trois branches incurvées dans le même sens, rayonnant autour d'une figure centrale, par exemple la tête de Méduse sur le denier d'Apollonia (49 av. J.C.).
2. Voir Maurice Delcroix, «Dramaturgie du *Mystère d'Alceste* : la scène à faire», *Bulletin de la SIEY*, 7, novembre 1990, pp.81-97.

vert d'un mythe. Cette poursuite d'une femme aimée, qui meurt en cours de roman — ajoutant «l'énigme d'être une morte . . . au mystère d'être une femme», comme il est dit de Déidamie dans *Feux* (1062) — devrait être éclairée par l'histoire d'Orphée et d'Eurydice. Mais le mythe et le récit se débordent mutuellement malgré de nombreux points de correspondance : le narrateur/Orphée, Thérèse/Eurydice, le mari de celle-ci/Aristée, suggestion de l'homosexualité des deux protagonistes masculins. Le titre impose au roman un programme de lecture unifiant qui ne fonctionne pas, car le lecteur flotte constamment du mystère d'Eurydice à celui d'Orphée, et à celui du troisième personnage qui est peut-être le plus inquiétant, sans trouver dans le récit le point où ils se nouent. C'est finalement que le secret est ailleurs, et que le mythe dans ce roman joue un rôle d'écran, mais de façon très lointaine. Michèle Sarde a montré pourquoi *La Nouvelle Eurydice* est un récit qui ne se laisse pas lire à l'intérieur de ses propres limites.[1] Il faut en effet passer par la biographie pour comprendre l'importance dans la vie de la jeune Marguerite de la femme aimée par son père et idéalisée par elle, cette Jeanne de Vietinghoff, qui se retrouve un peu dans la Monique absente d'*Alexis* et dans la Sophie victime du *Coup de grâce*. Il faut comprendre aussi la parenté de ce roman avec ces deux autres récits intimistes, réussis ceux-là, et qui encadrent *Eurydice* dans la chronologie des œuvres, pour mesurer la complexité de l'investissement affectif dans le personnage de la femme absente ou repoussée. Les éclaircissements sur les déplacements opérés de la vie au roman sont donnés par Yourcenar dans le livre posthume *Quoi ? L'Eternité*. On y lit par exemple à propos d'*Alexis* : «Je m'étais servie, pour reculer dans le passé une mince aventure, de *l'alibi* que m'offrait le souvenir de Jeanne et d'Egon» (1285) (c'est moi qui souligne). Le cheminement est beaucoup plus compliqué encore dans le cas d'*Eurydice,* dont le narrateur est une combinaison de Marguerite, de Michel de Crayencour et d'Orphée, alors que Thérèse porte le fardeau d'Eurydice, de Jeanne, et de la mère idéale dont la figure hante, selon Jung, toutes les grandes quêtes légendaires. Finalement tant de censure s'exerce dans ce roman que la référence au mythe (les symboles), le récit (la structure narrative d'une confession à la première personne), et les personnages (ancrage dans une réalité psychologique) ne parviennent pas à converger pour composer un univers romanesque.

    La Nouvelle Eurydice illustre de plus l'incompatibilité entre la temporalité du mythe, qui est celle d'une intrigue serrée, prédéterminée et

---

1. «Troubles de l'herméneutique dans *La Nouvelle Eurydice* », communication au Colloque international *Roman, histoire et mythe dans l'œuvre de Marguerite Yourcenar* . Université d'Anvers, mai 1990.

souvent surdéterminée, et le temps du récit intimiste où une voix narratrice essaie de reconstituer les événements selon le rythme de la durée vécue. Le narrateur essaie de retrouver les distensions du temps, les incertitudes quant à l'importance des épisodes, à l'opposé d'un récit d'aventures qui doit nous faire sentir qu'il sait où il va — qu'il s'agisse d'Hercule ou d'un héros moderne. Dans ce roman, cette opposition entre deux types de temps fait partie des réflexions du narrateur, elle est thématisée pour marquer de suspicion toute tentative de narration rétrospective véridique. C'est une des sources du malaise de la narration.

> On ne pense pas assez qu'il y a dans tout récit une faute de perspective : on y narre tout au plus quelques moments plus rares, plus émouvants que d'autres, on ne s'aperçoit pas que ces moments, qui seuls émergent dans nos souvenirs, flottent sur la nappe obscure, mais continue, de longues heures anonymes. . . . Notre vie entière sait peu de choses de nous-mêmes. Nos émotions bouleversent, mais n'occupent pas nos heures . . . et dans le sommeil enfin elles n'interviennent que grâce aux songes. OR, éd. 1991, 1318

Quelques années après *La Nouvelle Eurydice*, Sartre fera de cette antithèse entre le temps vécu et le temps raconté une des causes de la nausée dans son roman du même nom. Cette révélation est au centre du journal fictif de Roquentin. «Les aventures sont dans les livres. Et naturellement, tout ce qu'on raconte dans les livres peut arriver pour de vrai, mais pas de la même manière. . . . Quand on vit, il n'arrive rien. Les décors changent, les gens entrent et sortent, voilà tout. Il n'y a jamais de commencements. Les jours s'ajoutent aux jours sans rime ni raison».[1] Le sentiment d'aventure au contraire efface la juxtaposition contingente des instants et crée l'impression de *voir* passer le temps, dans un enchaînement irréversible d'un instant significatif à l'autre.

C'est dire que la nécessité interne, et par voie de conséquence, les vérités contenues dans les mythes ne sont pas directement applicables à notre existence quotidienne, dont elles n'éclairent que les grandes lignes affectives. Il n'est même pas sûr qu'elles ne soient pas parfois contraires à la sagesse. Yourcenar ne renouvellera pas sa tentative d'unification d'un roman par un seul mythe. La vigueur mise à la dénoncer tient certes à des phénomènes de censure non résolus, mais elle pourrait bien aussi vouloir condamner une forme d'hubris sur le plan esthétique. C'est un élan du même ordre qui s'empare d'Hadrien au faîte de son pouvoir et de son bonheur et lui fait voir sa vie complète comme un voyage fabuleux hors du temps.

---

1. Gallimard, 1938, pp. 55-57.

Les murs solides de ce Palatin . . . oscillaient comme les flancs d'une barque; les tentures écartées pour laisser entrer la nuit romaine étaient celles d'un pavillon de poupe; les cris de la foule étaient les bruits du vent dans les cordages. L'énorme écueil aperçu au loin dans l'ombre, les assises gigantesques de mon tombeau qu'on commençait à ce moment d'élever sur les bords du Tibre, ne m'inspiraient ni terreur, ni regret, ni vaine méditation sur la brièveté de la vie. 419

Yourcenar moraliste commente ce moment dans les *Entretiens radiophoniques*, notant qu'«à une époque à laquelle mettra fin la mort d'Antinoüs, une vue mythique de sa propre vie deviendra pour Hadrien un danger, augmentera cette griserie de la toute-puissance, cette sensation périlleuse de *facilité* à laquelle il risque de succomber» (147).

Au contraire, Zénon vit dans la difficulté continuelle de préserver son intégrité intellectuelle et spirituelle dans un monde déchiré d'intolérance. Il ne tombe pas dans l'erreur de penser à lui-même en termes du mythe faustien ou du mythe prométhéen, même s'il est un moment tenté par le rêve de «dominer le monde et l'homme, les refaire, peut-être les créer». Tout au plus se laisse-t-il aller, un matin au bord de la mer, «nu, dans cet univers matinal parfaitement propre, sans vêtement qui l'enferme dans une époque plutôt qu'une autre, en marge en quelque sorte de son propre drame», (148) à une identification avec l'Adam Cadmon des philosophes hermétiques.[1] Pour le lecteur moyen, l'allusion serait obscure, sinon pédante, sans la glose qui suit. « . . . placé au cœur des choses, en qui s'élucide et se profère ce qui partout ailleurs est infus et imprononcé» (*OR*, 766).

Le cœur des choses, la nudité des choses, nous l'avons vu, c'est aussi ce que cherche à atteindre Yourcenar romancière, ce qu'elle a réalisé au plus près avec la vie de Nathanaël. Les leçons de l'esthétique doivent valoir pour la sagesse et vice versa. Zénon «rejoint le mythe à son insu». Elle utilise presque la même formule pour parler d'un poète qu'elle admire, Baudelaire, qui dans «La Géante» «atteint la Grèce des mythes parce qu'il ne l'a pas cherchée» (*EM*, 429). Yourcenar quant à elle retrouve la leçon de Bachelard qui dénonce à maintes reprises l'artifice d'une mythologie plaquée sur la poésie.[2] En reniant son *Eurydice,* elle a d'une certaine façon reconnu avoir enfreint cette loi de l'imaginaire qui est de trouver la fusion du désir et du symbole.

1 . Chez les cabbalistes du XIVe siècle, c'est l'homme primordial, émanation du résidu de lumière divine dans l'espace que Dieu a laissé en se rétractant pour faire place au monde. Il est question des Kadmoniens, peuple de l'Est, dans la Genèse, 15.
2. *L'Eau et les rêves.* José Corti, 1942 pp. 50 sq. «Pour qu'un complexe comme le complexe du cygne . . . ait toute sa force poétique, il faut qu'il agisse *en secret* dans le cœur du poète» p.54.

La voix narratrice

J'ai déjà parlé abondamment des commentaires faits dans les essais et les préfaces, mais il reste à mentionner la présence du mythe que la voix narratrice introduit dans l'univers qu'elle recrée, celui des romans ou des chroniques familiales. Ces allusions et intrusions établissent des relais entre elle-même, c'est-à-dire son histoire personnelle et son écriture, et le passé culturel du mythe, et introduisent bien des nuances dans l'appréciation du mythe.

L'un de ces relais, par la voix du narrateur (intradiégétique) de la nouvelle «Le Lait de la mort», montre bien que si le mythe déploie chez Yourcenar «l'essence féminine dans toute sa complexité»,[1] il y a place ici pour un commentaire misogyne dans le dialogue des deux voyageurs contemporains qui encadre l'histoire centrale.

> Ma mère est belle, mince, maquillée, dure comme la glace d'une vitrine. . . . Quelques douzaines de mères et d'amoureuses, depuis Andromaque jusqu'à Griselda, m'ont rendu exigeant à l'égard de ces poupées incassables qui passent pour la réalité. Isolde pour maîtresse, et pour sœur la belle Aude... *OR*, 1159-60

Il est difficile de ne pas se rebeller contre l'autorité de ce narrateur pour qui il n'y a plus de bonnes mères comme celle de l'histoire qu'il raconte, et qui paraît figé dans la glorification d'un féminin mythique révolu. La belle légende de la jeune mère emmurée dans la tour de Scutari est elle-même comme pétrifiée dans cet imaginaire masculin nostalgique. Nous avons vu comment Yourcenar lui donne un tout autre éclairage dans ses commentaires sur le sacrifice d'Alceste.

Ces interventions de narrateurs devraient nous rappeler que les mythes peuvent se contredire, se corriger ou se compléter l'un l'autre. L'ingénieur qui vient de raconter «Le Sourire de Marko» le rappelle à l'archéologue sceptique qui voudrait une version plus primitive de l'histoire.

> Je ne voudrais pas médire de vos héros grecs, Loukiadis : ils s'enfermaient sous leur tente dans un accès de dépit, ils hurlaient de douleur sur leurs amis morts . . . mais, croyez-moi, il a manqué à *L'Iliade* un sourire d'Achille. *OR*, 1157

Intervenant en son nom propre dans la narration de ses chroniques familiales, Yourcenar utilise largement le support du mythe pour des effets de commentaire. Les allusions rapides abondent, parfois avec effet ironique — la référence aux Bacchantes pour évoquer les aventures et les désordres de la vie amoureuse de son père est en fait un jugement sur le discours réprobateur de la famille bourgeoise de Michel (*QE,* 1238) — ou au

---

1. Bianca Aranciba, *Bulletin de la SIEY* , 2, p.21.

contraire pour élargir aux dimensions du rite le sens d'un geste banal, comme celui de ranger dans un coffret les menus objets ayant appartenu à Fernande, en nommant cette action «occultation des reliques» (*SP,* 745).

Un passage de *Souvenirs pieux* illustre bien la valeur complexe des mythes et légendes comme expression épurée des grands sentiments humains et comme lien entre les générations, en même temps qu'ils font comprendre une prise de position de la narratrice. C'est à travers un récit de «l'oncle Octave» — cet Octave Pirmez assez médiocre poète mais qui a su être pour sa nièce Fernande un conteur inspiré — qu'elle tente de ressaisir un peu de l'imaginaire enfantin de sa mère. Octave a eu le génie d'arracher l'histoire de Sainte Rolende à la mièvrerie de l'hagiographie locale.

> Son récit prend place parmi les légendes de passion tendre et de réunion dans la mort, fleurs peut-être d'un très vieux monde celte, effeuillées de l'Irlande au Portugal et de la Bretagne à la Rhénanie. . . . Il semble qu'une telle histoire, apprise dès l'enfance, doive à jamais marquer une sensibilité féminine. Elle n'empêcha pas toujours Fernande de tomber dans le style courrier du cœur. Mais quelque chose subsistait, mince fil de la Vierge par un matin d'été. 893

C'est un passage assez exceptionnel chez Yourcenar par son allusion à une sensibilité féminine modelée par le style. Il semble bien qu'il y ait pour elle deux styles du féminin, celui des grandes légendes d'amour, dont la cruauté n'est pas absente, et celui de la sentimentalité banale et mièvre, lié au besoin de «romancer sa propre vie» qu'elle a dénoncé avec une certaine dureté chez sa mère (746). Dans l'image du «mince fil de la Vierge», image si «féminine», est inscrite une continuité fragile et précieuse, celle d'un imaginaire collectif maintenue en dépit d'éléments adverses. C'est aussi la reconnaissance fugitive et très indirecte que Fernande elle aussi a été un maillon de la chaîne. Quelque chose sera transmis à la fille de Fernande.

Pour conclure, je voudrais noter le caractère complémentaire de deux symboles qui jouent un rôle essentiel dans l'œuvre de Yourcenar : le labyrinthe et l'abîme, deux images spatiales liées à première lecture à des axes opposés puisque le labyrinthe est un dédale horizontal et que l'abîme évoque une descente verticale. Ce ne sont pas seulement d'expressives métaphores poétiques, elles sont aussi toutes deux chargées de connotations ambivalentes et ouvrent sur un symbolisme mythique aux vastes ramifications.

Lorsque Yourcenar intitule un chapitre de la vie de Zénon «L'Abîme», nous comprenons qu'il s'agira d'une période très sombre de la vie du héros. Cette partie centrale du livre décrit en effet un moment où Zénon a mis fin à ses errances et se cache à Bruges sous un faux nom. Entouré de menaces, il est plongé dans le doute solitaire et l'angoisse, dans ce qu'il appelle un «défilé noir» (705). Mais Yourcenar fait entendre que l'*abîme* n'est pas seulement une métaphore choisie pour sa force descriptive. Le mot porte avec lui une tradition d'usage dans les textes religieux ou alchimistes qui forment la culture de Zénon. La méditation de celui-ci l'entraîne à un re-brassage de toutes ses connaissances, mouvement qui est descente, explo-ration d'un gouffre selon le langage savant de son époque. «Il en allait des figures assumées par l'esprit comme de ces grandes formes nées de l'eau indifférenciée qui s'assaillent ou se relaient à la surface du gouffre» (687). L'abîme désigne aussi souvent le chaos originel, comme dans la version grecque de l'Ancien Testament. Spencer-Noël a noté de plus la parenté de «L'Abîme» du titre avec l'«abyssus» des alchimistes, «où nous devons ren-trer, comme dans notre mère, si nous voulons acquérir l'éternité, comme l'affirme Paracelse».[1] Ce gouffre désigné par Yourcenar comme «faille au sein des choses», pourrait bien être celui du temps universel, ce substratum par delà toute formulation de concepts, appelé ailleurs quand il faut bien lui donner un nom *materia prima*. A ce point de sa méditation, Zénon «retenait son esprit, comme on retient son souffle, pour mieux entendre ce bruit de roues tournant si vite qu'on ne s'aperçoit pas qu'elles tournent» (687). Cette descente vers l'informulé du temps nécessite des symboles qui dépassent ceux des mythes.

A première vue, le labyrinthe est, par opposition à l'abîme, une figure de la vie dans le monde, ou du cheminement de la pensée rejetée d'une théorie à l'autre. Il est dessiné par les circonstances et les hasards qui font les murs de notre prison, *hic et nunc*. Il nous ouvre des chemins dont nous ne pouvons choisir qu'un seul à la fois, pour finir, comme Zénon au terme de ses errances, par revenir au point de départ. Il nous fait exercer une liberté de choix limitée et dessine peu à peu notre vie à l'image d'un chemin heurté et zigzaguant.[2] Mais le labyrinthe a aussi son aspect souterrain, sa configuration d'antre monstrueux, comme dans l'histoire de Thésée. «Il se peut aussi . . . qu'au centre de cette société luxueuse et raffinée à l'excès [Cnossos], comme au centre de presque toutes les organisations humaines, se soit cachée l'éternelle chambre des horreurs dont le labyrinthe pour les Grecs est resté le symbole» (*Th II*, 167).

Chambre des horreurs de l'inconscient ou lieu des violences fondatrices des sociétés humaines, ce labyrinthe fait encore partie de la surface du temps, comme le labyrinthe du monde. Il se trouve au point de départ de l'œuvre de Yourcenar comme le lieu dont Icare tente de s'échapper en s'envolant vers le soleil, et il sera une des images archétypales

1. *Zénon ou le thème de l'alchimie . . . . Op.cit.*, p. 51.
2. Yourcenar a fait un tel dessin pour la vie errante de Zénon. (Notes inédites, Fonds Harvard).

les plus fécondes des livres de la maturité. Cette première œuvre fait déjà d'une certaine manière sa place à l'abîme. Le premier exergue que Yourcenar inscrit en 1921, plaçant sa réécriture du mythe d'Icare sous le patronage du poète Philippe Desportes, unit le soleil et la mer, au fond de laquelle le jeune homme s'abîme («Le ciel fut son désir, la mer sa sépulture»).[1] Le soleil et la mer sont les deux éléments implicitement contenus dans le titre de son dernier volume de chroniques familiales, *Quoi ? L'Eternité,* emprunté à un poème de Rimbaud. «Elle est retrouvée./ Quoi?– L'Eternité./ C'est la mer allée/ Avec le soleil».[2] Ne serait-ce que pour cette boucle refermée, on sera un peu plus indulgent qu'elle pour son *Jardin des Chimères.*

1. «Il mourut poursuivant une haute aventure.
   Le ciel fut son désir, la mer sa sépulture.
   Est-il plus beau dessein et plus riche tombeau ?» Philippe Desportes
2. «L'Eternité», *Oeuvres,* Garnier, 1960, p. 160.

Chapitre IV

Le roman de l'histoire

> Notre présent est si étroit qu'il est bon d'y ajouter
> le passé, à défaut de l'avenir.
> *L'Improvisation sur Innsbruck.*

> Il faut passer par l'histoire pour se dégager des
> pièges de l'histoire, c'est-à-dire de ceux de la
> société humaine elle-même dont l'histoire n'est
> qu'une série d'archives.
> Carnets de notes de *L'Œuvre au noir.*

Le nom de Yourcenar est associé à l'histoire parce qu'elle a écrit des
romans dits «historiques», et que le plus célèbre, *Mémoires d'Hadrien*, a été
salué par les historiens comme un ouvrage de littérature extraordinairement
exact. Mais la présence de l'histoire dans son œuvre déborde largement les
limites d'un genre ou d'une convention. Elle n'est ni référence, ni illustration, ni prétexte dramatique. Elle est de l'ordre de l'inquiétude et même de
la passion. J'examinerai ici le développement du «grand rêve de l'histoire»,
que Yourcenar dit avoir découvert dès son enfance, pour arriver au point
où elle intègre à son écriture littéraire un travail méthodique de recherche
historique, et où elle laisse passer finalement un profond désenchantement à
l'égard de l'histoire. On peut hésiter à la qualifier soit de romancière soit
d'historienne car c'est dans des œuvres qu'elle finit par appeler romans
qu'elle inscrit son ambition de reconstruire le passé en s'approchant le plus
possible de ce qui «fut réel». Et c'est en racontant ses démêlés avec le
matériau de l'histoire, dans des fragments de «discours de la méthode» qui
sont toujours des fragments d'autobiographie, qu'elle a écrit une littérature
très personnelle, parfois très «romantique», dans laquelle ses réflexions
épistémologiques, sa vision de l'histoire et son imagination s'alimentent
réciproquement.

Yourcenar n'a pas soumis le contenu de la notion d'histoire à un examen systématique, comme elle l'a fait pour la mythologie, préférant apparemment jouer de la polysémie du terme plutôt que d'affronter directement les définitions. C'est ce que suggère le titre d'un essai de 1958 traitant
des sources de *Mémoires d'Hadrien*, «Les Visages de l'Histoire dans
l'*Histoire auguste* ». Ce texte est important à plusieurs points de vue. Outre

qu'il illustre les vues de Yourcenar sur ce qu'on appelle communément décadence, il montre aussi l'inévitabilité des glissements de sens du mot «histoire» entre la réalité historique et le récit qui tente d'en rendre compte. Les nombreux visages de l'Histoire ne sont pas seulement ceux de la vingtaine d'empereurs, d'Hadrien à «l'obscur Carin», ni des quelque six médiocres historiens qui en ont fait le portrait. Le mot désigne tantôt le contexte politico-social et les événements qui s'y déroulent — par opposition avec les existences individuelles — tantôt le récit qui en est fait, tantôt encore la connaissance méthodique du passé, comprenant la critique de la relation toujours problématique que l'historien entretient avec tout ce qui joue le rôle de trace du passé.

Jalons

Les rapports de Yourcenar avec l'histoire sont soutenus par quelques grandes constantes, en même temps qu'ils subissent très fortement les à-coups de l'histoire contemporaine qu'elle traverse.

Son amour de l'histoire a sa source dans le «grand rêve» dont elle évoque les commencements à plusieurs reprises, d'abord dans les entretiens avec Matthieu Galey, puis dans *Quoi ? L'Eternité*. Nous voyons cette petite fille qui ne va pas à l'école découvrir la lecture comme un miracle, «banal, progressif, dont on ne se rend compte qu'après qu'il a eu lieu», et qui ouvre «une porte d'entrée . . . sur d'autres siècles, d'autres pays» (*EM*,1345-46). Au Musée de Cluny, au Louvre, elle s'éprend de sculptures et de tableaux. «Quelque chose d'à la fois abstrait et divinement charnel déteignit sur moi : le goût de la couleur et des formes, la nudité grecque, le plaisir et la gloire de vivre» (1350). Le goût de l'histoire lui est donné avec une tonalité «glorieusement» sensuelle. Il ne commence pas par la connaissance, mais par la formation de la sensibilité. Elle va jusqu'à évoquer les grands arbres de Poussin prenant racine en elle. L'inversion ici est remarquable. Il s'agit moins d'aller se perdre ou de s'évader dans un autre monde et un autre temps que d'en absorber les éléments en les faisant vivre organiquement, et en devenant leur terre nourricière. A partir de ce moment, le pli est pris : sentir, rêver, regarder, connaître, surtout à partir des œuvres d'art du passé, resteront pour elle inséparables. Le désir de communication sensuelle avec le passé restera toujours vivace, même lorsqu'elle aura éprouvé les désillusions de la quête méthodique.

Dans «Le Changeur d'or» (1932), un de ses premiers essais à sujet non littéraire, trop souvent oubliés, Yourcenar insiste sur un motif qu'on néglige à tort en parlant d'elle, celui des réalités économiques («Textes oubliés» *EM*, 1668-77). Elle y trace l'évolution de l'or comme matière d'échange du Moyen-Age à l'époque moderne; mais ce résumé minimal ne fait justice ni à la poésie, ni à la vision anthropologique de ce texte. Son point de départ a été un tableau, *Le Changeur d'or* de Holbein (l'usurier), qu'elle oppose à la *Melancholia* de Dürer (le rêveur). Le symbolisme de l'or colore ces pages, dans lesquelles Yourcenar voit aussi ce métal comme facteur de mutation d'une civilisation. Elle y décrit la formation d'un ordre nouveau, celui des marchands, qui vient bouleverser ceux du prêtre et du soldat, par l'exotisme qui s'attache à ses pratiques.[1] Elle se trompe peut-être sur le moment de la naissance du capitalisme, peu importe. Cet essai représente le pôle matérialiste essentiel de sa pensée, et comporte une conception de l'humain qui la rapproche des historiens contemporains. Comme eux elle a le sens de l'existence au sein d'un milieu physique et culturel, la conviction que le sujet de l'histoire est l'être humain qui a un corps, avec ses besoins et ses peurs. Son attention d'historienne se porte moins sur les batailles et les révolutions que sur les mouvements plus lents, sur ce qu'on a appelé une histoire des permanences.[2]

Une telle sensibilité au passé s'accompagne d'une manière pour le moins distante de vivre dans le présent ainsi qu'on l'entend habituellement. N'ayant eu à gagner sa vie que pendant les quelques années où elle fut un professeur assez peu présent à l'université de Sarah Lawrence, sans domicile fixe jusqu'à l'achat de la petite maison du Maine, sans engagement social ou politique jusqu'à son militantisme pour l'écologie et les animaux, Yourcenar est toujours restée grande voyageuse dans le temps et dans l'espace. Lorsqu'on s'étonne, parfois avec une nuance de reproche, de son amour pour le passé au détriment des temps présents, elle répond en avouant ne pas lire les journaux et se méfier de l'actualité, «la couche la plus superficielle des choses» (*YO*, 65). Mais elle riposte sur un autre plan lorsqu'elle dit, «quand on parle de l'amour du passé, il faut faire attention, c'est de l'amour de la vie qu'il s'agit; la vie est beaucoup plus au passé qu'au présent» (30). Il paraît donc juste de dire qu'il y a véritablement pour elle une *vie présente du passé*, avec tout ce que cette expression, prise à la lettre, rappelle des apories philosophiques du temps.

1. La lecture de cet essai évoque les travaux beaucoup plus tardifs de l'historien Georges Duby sur les trois ordres de la société médiévale. Par exemple, *Le Chevalier, la femme et le prêtre,* Hachette, 1981.
2. Voir Paul Pelkmans, «Zénon et les pesanteurs de la Renaissance», *Roman 20-50*, 9, mai 1990, pp. 17-28. Dans cet article, Pelkmans dispute à Yourcenar la caractéristique de post-modernisme en montrant par exemple qu'elle est moins proche qu'il ne semble de «l'histoire des mentalités», ignorant «en gros la dureté matérielle du XVIe siècle, et projetant sur cette période des conceptions de son temps à elle». Il n'a pas entièrement tort, mais cela ne diminue pas l'originalité de l'effort de Yourcenar pour échapper à l'esthétisme de la culture. Une telle querelle est utile aussi pour rappeler que la frontière entre histoire et fiction a beau s'être considérablement amenuisée, elle n'en continue pas moins d'exister.

Sur cette sorte de basse continue qui soutient l'œuvre de Yourcenar, se détachent des temps forts. Ils correspondent aux moments de crise liés soit aux bouleversements personnels soit aux éclats de l'histoire qui se poursuit. Elle a beau regarder de loin les événements du jour, les grandes vagues de l'histoire l'atteignent et l'affectent profondément. On pourrait désigner les «périodes» de sa pensée de l'histoire par le degré et la nature d'un pessimisme qui va en s'approfondissant, depuis un texte de 1929 sur la décadence de l'Europe, jusqu'à la lamentation de ses dernières années sur la folie des hommes détruisant leur planète.

«L'Improvisation sur Innsbruck» de 1929 fait état d'un bouleversement intérieur causé par l'effondrement du rêve de communion avec la vie du passé, dont je reparlerai plus longuement. «Voilà, je pense, ce qui m'éloigne désormais des musées, et peut-être des chefs-d'œuvre : c'est que la vie qu'ils contiennent n'est jamais que fragmentaire» (*EM*, 453). Ce texte est aussi porteur d'un pessimisme massif à l'égard de l'histoire qui ne fait que répéter ruses, cruautés, machinations soutenant «ces édifices portant à faux : Le Saint-Empire, la Papauté de Jules II, la Bourgogne de Charles ou l'Angleterre d'Arthur»(452).

Mais la grande coupure pour Yourcenar est venue de la guerre de 1939. Elle a marqué le début d'un exil bouleversant, l'arrachant à une Europe qu'elle ne retrouverait que radicalement changée. L'ébranlement intellectuel et spirituel a été plus fort encore, car le cortège d'horreurs de ces six années a rendu caduques ses prévisions les plus sombres. Le contre-coup subjectif de cette déflagration mondiale s'est traduit très progressivement chez elle, bien qu'elle désigne ce tournant de sa pensée comme «rupture» ou «scission» (*EM*, 545). Dans son avant-propos à sa pièce *La Petite Sirène,* écrit en 1970, elle décrit en fait un processus inconscient assez lent commencé vers 1942.

> Cette rêverie océanique date d'un temps où le vrai visage, hideux, de l'histoire, se révélait à des millions d'hommes dont une bonne part sont morts de cette découverte. . . . C'est à partir de cette époque . . . qu'au prestige des paysages portant *la trace du passé humain, naguère si intensément aimée,* vint peu à peu se substituer pour moi celui des lieux, de plus en plus rares, peu marqués encore par l'atroce aventure humaine». *Th. I,* 146. (C'est moi qui souligne).

Elle ne définit donc le sens radical de cette évolution que rétrospectivement, comme un «passage de l'archéologie à la géologie, de la méditation sur l'homme à la méditation sur la terre, . . . encore par moments ressenti par moi comme un processus douloureux». Dans une formulation extrêmement maîtrisée, Yourcenar exprime ainsi la difficile intégration dans sa vie de la grande fracture de la guerre. C'est l'abandon d'un amour de jeunesse. Mais nous aurons à nous demander ce qu'il en reste.

La prise de conscience de cette impossibilité de penser *comme avant* a été différée pendant quelques années grâce au renouveau d'espoir qui suit généralement la fin des guerres. Ces années de répit coïncident pour elle avec le grand moment du retour à Hadrien. On sait pourquoi elle a été très jeune fascinée par cette figure d'empereur, guidée par la phrase de Flaubert : «Les dieux n'étant plus et l'homme n'étant pas encore, il y a eu, de Cicéron à Marc Aurèle, un moment unique où l'homme seul a été» (Cn.*MH*, 519). Il a fallu le moment historique particulier de l'après-guerre pour qu'elle retrouve le désir de donner forme à un idéal de vie construite et maîtrisée. «Avoir vécu dans un monde qui se défait m'enseignait l'importance du prince» (525). Yourcenar s'est faite alors le relais de l'*hellénité* d'Hadrien, pour le poser comme une synthèse modèle d'esthète, de moraliste et d'homme de pouvoir. Le portrait d'un homme «presque sage» n'était possible que dans cette période très courte où «on pouvait imaginer un manipulateur de génie capable de rétablir la paix pendant cinquante ans» (*YO*, 158). Il aurait été bien vite trop tard. En dehors de ce moment, la tonalité dominante de sa vision historique est plutôt sombre, car l'aventure humaine reste «atroce». Qu'elle regarde vers l'avenir, et elle lit le cheminement d'une décadence de plus en plus marquée de cruauté. Dans son effort pour ressaisir le passé, elle rencontre la fragmentation désespérante des vestiges.

L'intérêt de ces notations biographiques, outre celui de montrer une évolution, est de donner un contexte vécu à la phrase souvent citée : «L'histoire s'écrit toujours à partir du présent»(*AN*, 960). Cette formule a par ailleurs de multiples implications épistémologiques dont la principale, qui pourra nous servir de guide de lecture, est que dans tout récit d'histoire, nous devons lire à la fois le temps de l'historien et la période qu'il étudie.

Mythe et/ou histoire

Dans toute narration yourcenarienne, mythe et histoire collaborent, mais restent deux manières différentes de faire retour au passé. Devant le paysage mythique de la Grèce, Yourcenar éprouve que tout y proclame «la profonde identité», en particulier l'identité entre le règne humain et le règne naturel. «Nous sommes ici sur les genoux d'une femme divine. Les pins ombreux sont sa chevelure, où des oliviers mêlent des fils gris; les cours d'eau sont ses veines; . . . Sans doute les robustes athlètes étaient-ils de jeunes arbres» (*EM*, 429). L'intérêt de Yourcenar pour l'histoire correspond à un tout autre enjeu que son appel à l'imagination mythologique, puisqu'il ne s'agit plus de retrouver l'humanité de toujours à travers des récits sans âge, mais de «re-créer» le passé dans ce qu'il a de spécifique. Son travail d'historienne la conduit à rechercher les différences, fût-ce au sein de l'identité. La connaissance historique montre comment les hommes s'opposent à la nature, par quoi les êtres et les époques s'individualisent. Le temps mythique est celui du destin et des répétitions, l'histoire impose à qui veut l'écrire une patiente reconstruction non seulement des personnes et des moments, mais aussi du devenir, c'est-à-dire des passages d'une phase à l'autre, de ce qui fait la continuité ou la discontinuité du temps historique. Finalement, l'enjeu de la connaissance historique est une forme de vérité scientifique, qui exige la mise en œuvre d'un esprit critique informé, alors que nous n'avons pas à mettre en cause la «vérité» des mythes.

Ecrire l'histoire ou la comprendre demande aussi une forme de patience, ou de prescience, lorsque nous sommes confrontés aux événements contemporains qui s'offrent d'abord comme des successions informes. Comment rendre compte du présent ? Il est tentant parfois, comme Yourcenar reconnaît l'avoir fait pour le premier *Denier du rêve*, de «faire entrer de force l'actualité dans un monde placé hors du temps et comme intériorisé» (*Th. I*, 22).

Denier du rêve est l'illustration la plus claire de cette vision mythique. A la différence des deux récits précédents, écrits à la première personne, celui-ci est narré d'un point de vue omniscient, avec beaucoup de passages au style indirect libre. Une douzaine de personnages tournent dans Rome, à peine le temps d'une journée et d'une nuit de tragédie classique, douze solitudes. Parmi elles : Marcella, liée aux opposants à un régime qu'on devine être celui de Mussolini, et son mari, médecin ami du pouvoir, sont séparés; deux sœurs, dont l'une, Rosalia, est pauvre et brisée par la vie, et finira par se suicider, alors qu'Angiola a fui la famille pour devenir une vedette de cinéma célèbre. A part l'unité de temps et de lieu, les personnages sont reliés par un artifice de conte, une pièce de monnaie qui circule par hasard de l'un à l'autre. Aucun d'entre eux ne jouit d'une focalisation privilégiée, même si l'attentat manqué de Marcella contre le dictateur est au centre du livre. La particularité du moment historique est dans les quelques détails sur le caractère odieux du régime fasciste, sur une opposition qu'on devine liée au milieu révolutionnaire international. Ce roman offre surtout une synthèse complexe de mythes et d'histoire contemporaine dans le décor romain qui se prête à toutes les superpositions d'époques.

Il y a donc souvent chez Yourcenar un tiraillement entre l'histoire et la mythologie, la seconde pouvant apparaître comme une manière de fuir les dures réalités présentes en leur donnant un sens déjà estampillé, quitte ensuite pour l'auteur à corriger sa perspective sur les événements.[1] Le plus

1. Voir en particulier Camillo Faverzani, «Dimensions mythologique et historique dans *Denier du rêve* de 1934», *S.I.E.Y.*, 6, mai 1990. Parmi les nombreux articles qui abordent

souvent, la contamination d'une imagination à l'autre paraît inévitable, et se manifeste par des phénomènes de renfort ou de relais. En effet, la perspective historique englobe la mythologie et la nourrit de son érudition, comme le montrent les préfaces de son théâtre qui tracent l'histoire d'un même mythe. En retour, toute vue d'ensemble sur l'histoire fait appel à la pensée analogique et à l'imagination comparatiste qui conduisent à mythologiser le temps historique. Toute attention appuyée sur un grand personnage tend à l'auréoler de légende. «Ces destins démoniques valent qu'on les contemple», écrit Yourcenar à propos de Saint-Just et de Robespierre (*SP*, 770). Mais malgré ces entrecroisements constants, elle a appris à «rendre à César . . .», et elle a bien marqué la différence d'orientation entre l'impératif réaliste de la plupart de ses romans et la liberté autorisée par la réécriture de la mythologie. Et surtout, elle s'est forgé une méthode historique.

En fait d'exposé systématique en dehors de «Ton et langage dans le roman historique», essai qui analyse la difficulté de rendre avec justesse les conversations du passé, il existe une courte conférence intitulée *L'Ecrivain devant l'histoire,*[1] qui n'a pas été reprise dans les *Essais et mémoires* peut-être à cause de sa clarté un peu trop didactique. Yourcenar y résume les différentes manières — légendaire, exemplaire ou humaniste — dont les écrivains ont successivement exploité l'histoire. Heureusement, le style s'anime vers la fin de la conférence lorsqu'elle évoque les difficultés de l'écrivain moderne aux prises avec la vérité historique, et confronté aux impératifs de compétence, de sélectivité, et d'indépendance à l'égard des «modes» de son temps. Nous dirions maintenant des «idéologies», par bien des côtés cousines du mythe. Ainsi Hadrien, admiré au XVIIIe siècle, l'a été beaucoup moins par les historiens militaristes de l'Allemagne naissante, car il était partisan d'aller jusqu'au compromis pour sauver la paix. En France, les contemporains de Renan lui ont trouvé un caractère superstitieux et frivole à cause de ses efforts de régénération païenne. Ces remarques suggèrent que Yourcenar a voulu battre les historiens au jeu de l'objectivité. Ce qui est original pour un écrivain de fiction, c'est qu'elle le fait en décrivant sa participation subjective au récit.

Yourcenar apprécie le travail des écrivains qui s'efforcent d'être exacts ou complets à l'aide de ses propres critères historiques. Flaubert, à son avis,

---

la question des rapports entre mythologie et histoire, quelques uns en font leur sujet central. Citons dans le no. 5 de *S.I.E.Y.*, novembre 1989 : Maurice Delcroix, «Mythes et histoires» et Rémy Poignault, «La mythologie dans *Mémoires d'Hadrien*. Le Titan et l'Olympien». Dans le no. 6 : François Wasserfallen, «*L'Œuvre au noir* : une voluptueuse solitude dans l'atemporalité», et Philippe-Jean Catinchi, «De l'atemporalité des créatures».
1. Conférence du 26 février 1954. Paris : Publications du CNDP, 29 rue d'Ulm.

a peint une Salammbô qui n'est qu'une sœur rêveuse de Mme Bovary. «En fait de féminité carthaginoise, la Didon de Virgile est bien plus réelle que Salammbô» (19), ce qui n'enlève rien à l'art de Flaubert. Si elle admire la réussite de Proust, qui arrive à donner «ce sentiment presque alluvial de l'histoire», elle déplore son relativisme à l'égard de la vérité, finalement très néfaste à l'histoire (15). Il crée le sentiment du devenir au prix de l'exactitude historique. Même si la recherche d'une vérité absolue en histoire paraît très dangereuse a Yourcenar, elle défend toujours l'idée d'une *vérité approchée* en histoire. «Il en est de cette vérité comme de toutes les autres : on se trompe *plus ou moins* » (Cn *MH,* 528). Elle conclut sa conférence sur la nécessité de trouver les termes d'un nouvel humanisme. Rappelons que ce texte de 1954 reflète encore l'espoir d'être dans un monde ouvert, comme celui d'Hadrien, «dans lequel l'homme jouit de bénéficier d'une longue culture et croit avoir un avenir».

Décadences

Ce sont les essais de la fin des années vingt qui montrent chez Yourcenar les premiers signes de désenchantement en même temps que la formation d'une habitude de relier ou de superposer les traces qui constitue le commencement d'une méthode. Elle a déjà à cette époque beaucoup voyagé en Europe — en Allemagne, en Autriche, en Italie surtout. Elle a beaucoup lu, pas encore complété de grand roman (le récit d'*Alexis* paraîtra en 1929), bien que tous les projets de sa maturité soient dans ses cartons. Elle publie dans diverses revues, ou écrit pour elle-même des essais qui sont des synthèses à la fois très contrôlées et très passionnées de son expérience culturelle.

Une première étude de la décadence apparaît dans «Diagnostic de l'Europe».[1] Ecrit dans le ton des pages de Paul Valéry sur «La Crise de l'esprit», ce court essai s'interroge sur le destin du continent qui pour Yourcenar «a la fonction d'un cerveau», à la différence d'autres parties du monde qui représentent la foi, le mysticisme ou la morale (*EM*,1649). Alors que Valéry en 1919 se plaçait dans la perspective de l'immédiat après-guerre et des menaces de destruction physique, lançant son célèbre avertissement, «Nous autres, civilisations, nous savons maintenant que nous sommes mortelles»,[2] Yourcenar, dix ans plus tard, décèle un mal interne. «La seule maladie dont une civilisation finisse par mourir, c'est sa durée. La nôtre est vieille» (1654). La vision de Valéry est à la fois poétique et

---

1. *Bibliothèque universelle et revue de Genève*, juin 1929. Repris sous la rubrique «Textes oubliés» dans *Essais et mémoires*, Gallimard, 1991, pp.1649-55.
2. In *Variété*, Gallimard, 1924, p. 11.

épique. «Maintenant, sur une immense terrasse d'Elsinore . . . l'Hamlet européen regarde des millions de spectres» (20). Yourcenar ne parle pas de l'événement encore récent, mais manifeste un sens plus aigu du devenir historique que son aîné, et donne une analyse plus précise de la culture de son temps, allant jusqu'à examiner un art neuf comme le cinéma. Lorsqu'elle déplore les fatigues subjectives et l'hyperesthésie des écrivains postromantiques, tous héritiers de Chateaubriand dans leur «surenchère de non-culture objective», on croirait entendre de lointains échos du Maurras de *L'Avenir de l'intelligence* vitupérant contre les Romantiques. Contradiction, dissociation, déformation, sont des mots qui reviennent souvent dans le «Diagnostic» de Yourcenar, résumés par celui de «décadence». Voilà le grand mot lâché, et pourtant sans condamnation. La décadence d'ailleurs est encore très à la mode. Si «les sommets de cette Europe bouleversée s'éclairent vaguement d'une aube d'Asie», c'est, reconnaît-elle, pour un gain de spiritualité. Si le style *se brise* chez Nietzsche, Rimbaud, Proust, Breton, c'est le signe d'un «dynamisme unique dans l'histoire littéraire d'Occident» (1653). Une grande partie de ce qu'elle décrit comme décadence est ce que nous appelons maintenant «moderne». Finalement, le spectacle de cette «étonnante agonie», qui annonce, en réaction, des temps de discipline et de morne ennui, l'entraîne à reconnaître l'ambivalence de sa position : «Et je n'ai tant dit que notre époque est malade, que pour me réserver de dire à la fin qu'elle est belle» (1655).

Yourcenar a barré cet essai d'une note sévère en 1982. «La description des écrivains du temps est naïve. . . . Les prévisions étaient fausses parce que j'imaginais une ère de discipline qui allait suivre : c'est au contraire un chaos bien plus total qui était vrai, et qui fait paraître 1928 comme une période d'encore quasi-stabilité» (1655). Un demi-siècle plus tard, elle n'éprouve plus la séduction de la décadence. Le mot a pris un sens tout autre que celui de raffinement excessif du goût et de la pensée. L'histoire a été trop cruelle. Et elle ne dirait plus non plus qu'une «aube d'Asie» est un signe de décadence puisque la pensée orientale est devenue pour elle entre temps une immense lumière. Et surtout, elle n'utiliserait plus la décadence comme un outil herméneutique permettant au spectateur de déchiffrer le devenir historique. Elle est passée à «tout nous échappe . . . »(Cn *MH.* 527).

C'est dans son commentaire de l'*Histoire auguste* , de 1959, qu'on peut saisir une nouvelle conception de la décadence instruite par tout le travail fait pour *Hadrien* ainsi que par le passage d'une autre guerre. L'*Histoire auguste* n'est pas tenue en très grande estime par les historiens, mais Yourcenar en trouve la lecture «bouleversante», «en dépit de sa médiocrité foncière, ou peut-être à cause d'elle» (12). Peut-être est-ce l'histoire de Rome qui l'avait à l'origine sensibilisée à la richesse de l'idée de décadence.

Mais c'est sans doute aussi sa fascination pour la «décadence» ambiante qui lui a permis de lire, ou de relire l'*Histoire auguste* comme elle l'a fait, avec un sens aigu du contexte d'énonciation, pour arriver à la conclusion que notre histoire présente nous permet toujours d'identifier les signes de la décadence au sein de la grandeur.

> Nous avons appris à reconnaître ce gigantisme qui n'est que la contrefaçon malsaine d'une croissance, ce gaspillage qui fait croire à l'existence de richesses qu'on n'a déjà plus, cette pléthore si vite remplacée par la disette à la moindre crise, ces divertissements ménagés d'en haut, . . . ces réaffirmations pompeuses d'un grand passé au milieu de l'actuelle médiocrité, . . . Le lecteur moderne est chez lui dans l'*Histoire auguste*. *EM*, 21

Son appréciation porte d'abord sur le côté esthétique de ce témoignage humain. Elle tire de sa lecture une sorte de poétique de l'erreur, du mensonge, ou de la médiocrité. «Une effroyable odeur d'humanité monte de ce livre» (12). Parfois une étrange beauté se dégage d'une description sans art. Mais «cette poésie, c'est nous qui l'extrayons» (13), parce que nous lisons ce ramassis d'informations et de racontars avec le recul et la culture des siècles intermédiaires, surimposant ici une scène à la Tolstoï, là un raffinement de roman noir, ou encore, pour ne pas oublier l'impact de la culture populaire, comme si nous lisions des révélations sensationnelles de journaux du soir mêlées à quelques informations utiles sur les grands personnages contemporains. De plus, elle esquisse à propos de ce livre une épistémologie de la lecture des documents historiques, distinguant authenticité (du document), véracité (des témoins), et vraisemblance (du récit), qui ne peuvent s'évaluer que par des critères externes à chaque texte, et variant à chaque époque de lecture. Elle le souligne encore mieux dans ses notes sur *Hadrien*, montrant qu'on peut tirer une précieuse vérité humaine, ou des éléments de vraisemblance historique, de documents mensongers ou d'une authenticité douteuse, à condition de pouvoir en faire la critique contextuelle. Il en est ainsi de trois lettres d'Hadrien dont les indications ont été utilisées dans les *Mémoires* car «elles portent à un degré extrême la marque de l'homme à qui on les prête» (Note *MH*, 547). C'est donc une expérience de la vie, un sens des êtres humains acquis dans la petite histoire qui est la nôtre, qui permet à l'écrivain de naviguer dans les traces de la grande histoire.

Ces historiens cependant n'ont pas conscience de ce qu'ils écrivent. Ils «ne semblent pas avoir vu approcher ce grand événement, dont l'ombre portée couvre pourtant toute l'*Histoire auguste* : la mort de Rome» (*EM*, 12). S'il y a une leçon à en tirer, ce n'est pas de nous féliciter de notre clairvoyance de lecteur moderne surinformé. Yourcenar trouve dans cette histoire qui se termine «à une heure entre chien et loup de la fin du IIIe siècle», un enseignement sur la nature de l'Histoire, à savoir que la décadence n'est pas véritablement un événement, mais qu'elle a toujours déjà été là, qu'elle est en quelque sorte dans le tissu du devenir. «Peu à peu, l'œil apprend à reconnaître dans ce chaos des séries de faits semblables, des récurrences d'événements, non pas précisément un plan, mais des schémas. . . . Vus sous cet angle, les vices d'un Élagabale et les brutales vertus d'un Aurélien n'ont plus guère qu'une importance relative» (17-19).

Ce n'est pas la seule fois qu'on trouve chez Yourcenar cette tentation de gommer les singularités de l'histoire, individuelles ou événementielles, soit au profit des grands mouvements de fond, ce que les historiens appelleraient la longue durée, soit au profit des répétitions analogiques. On dirait même parfois qu'elle ne fait ressortir l'unicité d'un personnage ou d'un événement que pour mieux le désingulariser ensuite. Quelle signification y a-t-il, par exemple, à voir «les chaotiques aventures de l'*Histoire auguste* se prolongeant jusqu'à nos jours, jusqu'à Hitler livrant ses dernières batailles en Sicile ou à Bénévent comme un César romain germanique du Moyen-Age, ou jusqu'à Mussolini tué en pleine fuite . . . mourant au XXe siècle d'une mort d'empereur du IIIe siècle» (20) ? N'est-ce qu'un aspect de sa méthode comparatiste, est-ce une vue morale, est-ce déjà une métaphysique ? Qu'en est-il de son propre relativisme, elle qui reprochait à Proust semblable disposition d'esprit ?

C'est l'aspect de sa méthode qui peut susciter le plus de méfiance de la part des historiens, car on trouve chez elle un goût parfois immodéré pour les superpositions, pour la lecture en termes d'analogies. Yourcenar nous montre constamment comment deux périodes de l'histoire peuvent *s'entre-lire*. Par exemple dans *Souvenirs pieux,* elle donne ainsi une mesure des cruautés du passé : «En 1312, les métiers de Liège enferment et brûlent vifs deux cents chevaliers dans l'église Saint-Martin, commettant là leur Oradour» (753). «L'histoire s'écrit toujours à partir du présent» peut s'entendre comme une mise en garde épistémologique autant que l'expression d'une fatalité. Nous devrions avoir appris à faire une lecture double des historiens du passé, à distinguer leur présent à travers leurs récits. Nous devrions aussi éviter de tomber nous-mêmes dans une pétrification du passé, puisqu'il ne cesse de devenir, puisque le présent est ce point qui se déplace sans cesse à la surface du temps, entraînant dans son sillage tout le regard sur le passé.

La leçon morale à en tirer serait de pas démoniser certaines périodes du passé, de ne pas être assurés que nous ne reproduirons plus l'horreur, de ne pas nous croire immunisés par les soi-disant «leçons de l'histoire»; mais de ne pas croire non plus que «l'histoire n'est qu'une série d'occurrences sur lesquelles l'homme ne peut rien, comme s'il ne dépendait pas de chacun de nous de pousser à la roue, de laisser faire ou de lutter» (*EM,* 19). Dans cette répétition monotone de grandeurs et décadences, il y a des haltes. Il semble que pour Yourcenar le passé de l'humanité ne puisse fournir de leçon que dans ces «moments» privilégiés où l'individu peut prendre conscience de la fragilité du monde humain. Le règne d'Hadrien est un de ces moments, entre le «trop tôt» et le «trop tard». Le thème fataliste et celui d'une responsabilité de type existentialiste s'entrecroisent chez elle, de même que, sur le plan de la méthode, le relativisme et la recherche de la vérité.

On a beaucoup écrit sur l'approche de l'atemporalité qui se dessine dans l'œuvre de Yourcenar à travers la méditation bouddhique et alchimiste. Le grand temps cosmique enveloppant et diminuant notre temps historique semble, dans sa circularité, se rapprocher autant qu'il est possible du temps immobile. Paradoxalement, le spectacle de l'histoire dans ses cruelles répétitions suggère cette approche. Yourcenar inscrit son plus grand désenchantement à l'égard de l'orientation de l'histoire dans les attitudes de ses personnages de fiction postérieurs à Hadrien, tels que Zénon et Nathanaël. Lorsque ce dernier revient au monde des mots après «quatre ans vécus sans penser» et qu'il se plonge dans des ouvrages d'histoire, sa lecture est la perception en négatif de celui qui a vu *l'envers* de l'histoire, et qui peut démystifier la grandeur des chefs, la splendeur des villes et les flagorneries des chroniqueurs. «Il se demandait combien de temps dureraient ces turlutaines-là» (927). *Un homme obscur*, récrit en 1979-81, est comme un adieu à l'histoire. Vers quoi ? Il y a bien des façons de sortir de l'histoire, d'échapper à son cycle de folies sanglantes. Mais, Yourcenar le dit dans les notes de *L'Œuvre au noir*, il faut passer par l'histoire pour sortir de l'histoire.

Déploration

Le pessimisme de Yourcenar ne porte pas seulement sur le contenu de l'histoire humaine, il touche aussi à la connaissance historique. Nous savons bien que c'est une «connaissance par traces» — formule qui date de plus d'un siècle — dépendante de la médiation d'objets que nous appelons documents (monuments, œuvres d'art, ustensiles, monnaies, armes, documents écrits, etc.), et qu'il faut critiquer et interpréter.

On pourrait croire que Yourcenar s'est donné pour tâche d'illustrer la boutade désabusée prêtée à Charles Seignobos : «l'historien fait un métier de chiffonnier». Son pessimisme s'inscrit avec une insistance systématique dans le choix des mots désignant ces restes du passé qui sont tout ce dont nous disposons pour entreprendre le voyage à rebours dans le temps. Ce n'est pas le fait d'être mort qu'elle reproche au passé, mais de ne nous laisser que de pauvres traces pour retrouver sa vie. Plus d'une fois, pour les décrire, revient le terme «épaves», évocateur de naufrages. Ce motif s'enrichit de nombreuses variantes qui toutes soutiennent une poétique du temps destructeur, et même «dévorateur». On peut composer tout un florilège d'expressions yourcenariennes évoquant ces restes, empruntées à des domaines sémantiques différents. Ce sont des «bribes» (*SP,* 708), «débris disparates» (745), «pieux déchets . . . brimborions» (748), tout cela «rongé comme une pierre par le lichen ou le métal par la rouille» (708). Les restes de notre vie personnelle qui passent dans une œuvre sont des «raclures» (*OR,* 1036), «la vie passée est une feuille sèche» (*SP,* 790). Yourcenar parle de «murs écroulés, pans d'ombre» (Cn *MH,* 528), de «la poussière des chroniqueurs» de *L'Histoire auguste,* des «tessons épars», des « moellons informes» (*AN,* 1031) que nous avons à remettre ensemble dès que nous nous aventurons hors des grandes lignes de l'histoire académique. Ces expressions sont prises dans des phrases poétiques ou dramatiques. «Trop peu de gens se rendent compte à quel point la parole humaine nous arrive du passé par relais successifs, cahin-caha, pourrie de malentendus, rongée d'omissions et incrustée d'ajouts. . . » (*EM,* 276).

Fragmentation, dispersion, usure suscitent chez elle un véritable deuil, car c'est bien d'une *vie* perdue qu'il s'agit. «C'est sur quelques vitraux, sur quelques parchemins, sur quelques blasons au coin des pierres tombales que se survit l'Europe du Moyen-Age», écrit-elle dans ce texte de 1929 dont j'ai déjà mentionné l'intérêt, « L'Improvisation sur Innsbruck» (*EM,* 451). De la vie d'Hadrien, beaucoup des meilleurs témoignages ont disparu. Au lieu du témoignage, il ne reste que des traces de traces. Les fragments qui restent se trouvent de plus aux quatre coins des continents. La «Note» et le «Carnet de notes» de *Mémoires d'Hadrien* abondent en indications sur la nécessité de courir le monde, pour relier les morceaux d'une culture dispersée et difficile d'accès, réservée à ceux qui savent, à ceux qui peuvent voyager, une «culture à bureaux fermés». Le temps non seulement brise et disperse, il abîme, il pourrit. Au motif de la perte de matière et d'intégrité s'ajoute celui de la perte de substance, au sens ontologique et organique du mot. Ce n'est pas seulement que les textes, les monuments, les œuvres d'art ne nous parviennent pas intacts, c'est aussi que ce qui nous parvient est le plus souvent un fatras de résidus dont nous ne savons pas vraiment quoi faire, car nous ne retrouvons pas le corps auquel ils appartenaient. «Que les empereurs soient mortels, nous le savions, puisqu'enfin on ne peut nous cacher qu'ils sont hommes, mais les empires succombent comme eux, et les patries pourrissent comme si elles avaient un corps. . . » (*EM,* 451).

Parmi les débris du passé, les ruines reçoivent un traitement à part chez Yourcenar, qui possède en commun avec les Romantiques le goût de la belle ruine. Elle va jusqu'à dire, «et Saint-Pierre de Rome en ruines ne serait-il pas admirable, alors qu'il n'est qu'accablant, dans cette splendeur dorée qui est la sienne ?» (*YO*, 56). Si l'historien fait un métier de chiffonnier, il y a des chiffonniers heureux parmi les esthètes de l'histoire, dont le meilleur exemple est sans doute Victor Hugo, qui s'exclame dans un poème «Je vous aime, ô débris!»[1] Ce n'est pas le cri de Yourcenar. Hugo, comme l'a dit un critique, se servait «des ruines et de leurs crevasses pour y loger ses fantasmes».[2] Mais Yourcenar ne se place pas «au centre de tout comme un écho sonore». Elle ne recherche ni le grandiose, ni le surnaturel. Son lyrisme va seulement jusqu'à l'admiration de la beauté, et à la reconnaissance de la noblesse des ruines livrées à la seule action du temps et des éléments. Le temps dévorateur est aussi « le temps ce grand sculpteur», expression qui vient d'ailleurs d'un poème de Victor Hugo.[3] Par delà le romantisme des ruines, Yourcenar rejoint une perspective intellectualiste et même platonicienne selon laquelle la ruine devrait être un relais soutenant la connaissance et la reconstruction du passé. C'est ce qu'elle reconnaît comme «la secrète poésie métaphysique» des gravures romaines de Piranèse (*EM*, 85). Celui-ci semble avoir saisi le moment où la ruine révèle une essence, celle du matériau, en même temps que la forme de l'édifice entier et l'idée qui a inspiré sa construction. Dans son état idéal, la ruine est comme un livre du temps cosmique et du temps historique.

> L'image de la ruine ne déclenche pas chez Piranèse une amplification sur la grandeur et la décadence des empires . . . , mais une méditation sur la durée des choses ou leur lente usure, sur l'opaque identité du bloc continuant à l'intérieur du monument sa longue existence de pierre. Conversement, la majesté de Rome survit chez lui dans une voûte crevée plutôt que dans une association d'idées avec César. L'édifice se suffit; il est à la fois le drame et le décor du drame, le lieu d'un dialogue entre la volonté humaine encore inscrite dans ces maçonneries énormes, l'inerte énergie minérale et l'irrévocable Temps. *EM, 84-85*

Yourcenar a prêté ce sens du temps inscrit dans le monument et cette vision de la ruine idéale au grand constructeur qu'était Hadrien. «J'ai beaucoup reconstruit : c'est collaborer avec le temps sous son aspect de passé, en saisir ou en modifier l'esprit, lui servir de relais vers un plus long avenir; . . . Notre vie est brève : nous parlons sans cesse des siècles qui précèdent le nôtre comme s'ils nous étaient totalement étrangers; j'y *touchais* dans mes jeux avec la pierre» (*MH*, 384-85. c'est moi qui souligne). En choisissant certains matériaux, la brique pour Rome, le « marbre natal" pour la Grèce et l'Asie, Hadrien prévoit la manière dont les édifices vont se défaire avec le temps. Le marbre est cette «belle substance qui une fois taillée demeure

1. «Aux ruines de Montfort-l'Amaury», *Odes*, Livre V (Pl. I, p.475)
2. Roland Mortier, *La Poétique des ruines en France*. Genève : Droz, 1974. p.221
3 . «A l'Arc de Triomphe», cité par R. Mortier.

fidèle à la mesure humaine, si bien que le plan du temple tout entier reste contenu dans chaque fragment de tambour brisé» (385). Ne pourrait-on pas parler alors de trace de l'avenir ?

Mais les édifices subissent bien d'autres sévices que ceux du temps, sévices dont l'intelligence et l'imagination peuvent à la rigueur s'accommoder. Bien pire est l'œuvre des hommes, qui achèvent ce qu'on pourrait appeler la mort de la ruine par effacement, exploitation commerciale ou restauration ignorante. Il en est ainsi d'Antinoé, «encore debout au début du XIXe siècle» et effacée maintenant. «Vers le milieu du XIXe siècle, un industriel égyptien transforma en chaux ces vestiges, et les employa à la construction des fabriques de sucre du voisinage» (Note *MH*, 555); de la Villa Hadriana, devenue une attraction touristique pour voyages organisés. La déploration de Yourcenar se teinte de misanthropie.

> Rien de plus fragile que l'équilibre des beaux lieux. Nos fantaisies d'interprétation laissent intactes les textes eux-mêmes qui survivent à nos commentaires, mais la moindre restauration imprudente infligée aux pierres, la moindre route macadamisée entamant un champ où l'herbe croissait en paix depuis des siècles, créent à jamais l'irréparable. La beauté s'éloigne, l'authenticité aussi. Cn *MH*, 540

La trace et l'écriture de l'archive

Le pessimisme de Yourcenar est ainsi une position complexe. Elle ne peut parler de bribes, détritus, épaves, que sur la «foi» d'une visée préalable d'un passé idéal, plein, authentique, dont on ne peut jamais avoir qu'une connaissance approchée. Nous ne disposons que de traces, de ce qui subsiste d'un passé qui fut. Un passage de «L'Improvisation sur Innsbruck» éclaire l'attitude de Yourcenar à l'égard de la *trace,* tout en montrant la naissance de son désenchantement qui est en réalité la retombée d'un enchantement.

> Avec quelle foi, jadis, je me précipitai dans les musées, les palais, les églises, partout où surnagent un peu de ces épaves de l'homme. Je croyais possible de retrouver dans des portraits, des documents, sur des objets tièdes encore de l'imposition des mains, les traces de ce fluide que nous avons appelé l'âme : mais connaître les vivants m'a désabusée des morts. La vérité fuit et nous échappe quand il s'agit d'une femme : pourquoi serait-elle plus palpable , sur le visage des reines mortes depuis quatre cents ans ? *EM*, 452

Ce texte qui date de l'année de la mort de son père (1929), sans doute l'année de la rédaction de *La Nouvelle Eurydice*, et qui évoque l'insaisissable vérité humaine «quand il s'agit d'une femme», a un accent autobiographique indéniable. Laissons de côté la phrase un peu pompeuse et précieuse sur le désabusement des morts venu de la connaissance des vivants, qui décentre le passage comme une dénégation. Il me paraît plus important pour le moment de noter que la tristesse du renoncement au grand rêve de communion avec le passé et avec l'Autre révèle la nature du premier élan vers le passé. Cet élan est exprimé par un vocabulaire religieux, *foi, imposition des mains, âme*, uni à un mot de l'alchimie ou de la magie, le *fluide*. Yourcenar a été tentée de traiter les objets-témoins comme de saintes *reliques,* ou comme des talismans, même si c'est le mot «épaves», qui désigne ces restes. Le terme de «reliques», qui n'est que suggéré dans ce texte, apparaîtra une quarantaine d'années plus tard, dans *Souvenirs pieux*, à propos des objets ayant appartenu à sa mère, la femme suprêmement absente. Ces deux motifs opposés et intimement liés, celui de la fragmentation des vestiges livrés au temps destructeur et celui de la valeur magique des objets venus du passé, résumés dans les mots «épaves» et «reliques», vont se retrouver liés, opposés, dans toute l'œuvre qui suivra. Pour le moment Yourcenar constate que le fluide ne passe pas, que le charme est rompu.

Et pourtant, ces «épaves» ne sont jamais des signes comme les autres. Yourcenar est très proche dans ces lignes de l'analyse de la trace faite par Emmanuel Levinas dans *Humanisme de l'autre homme.* «Une pierre a rayé une autre. La rayure peut, certes, être prise pour une trace; en réalité, sans l'homme qui a tenu la pierre, la rayure n'est qu'un effet».[1] Entre le résidu à mettre au rebut et la relique, certains objets garderont toujours pour Yourcenar leur valeur de trace, touchés par des mains humaines ou marqués par un projet humain. Pour qui les reçoit, poser les mains sur des objets qui ont appartenu aux disparus est toujours une sorte d'action magique (*AN,* 1041), à condition de redonner à la magie toute sa valeur sacrée. C'est une action qui restaure une plénitude perdue. Geste de respect et de communion, bien différent de nos imprudentes restaurations, ou des incursions dans les sites «à coup de routes macadamisées», il établit un contact et une continuité. Yourcenar en revient toujours à ce motif pour imaginer la suite des générations humaines. Rappelons-nous, dans ses jeux avec le temps, ces paires de mains décharnées qui font le lien avec l'époque d'Hadrien. Parmi les représentations d'Antinoüs, elle est particulièrement émue par la Gemme Malborough, qu'elle a eu le privilège de voir et de «toucher». Elle ajoute : «De tous les objets encore présents aujourd'hui à la

---

• 1. Fata Morgana,1972, p. 62. La suite de la citation prolonge si bien le propos présent que je la donne ici. «La cause et l'effet, même séparés par le temps, appartiennent au même monde. Tout dans les choses est exposé, même leur inconnu : les traces qui les marquent font partie de cette plénitude de présence, leur histoire est sans passé. La trace comme trace ne mène pas seulement vers le passé, mais elle est la passe même vers un passé plus éloigné que tout passé et que tout avenir, lesquels se rangent encore dans mon temps — vers le passé de l'Autre où se dessine l'éternité — passé absolu qui réunit tous les temps.»

surface de la terre, c'est le seul dont on puisse présumer avec quelque certitude qu'il a souvent été tenu entre les mains d'Hadrien» (Cn *MH,* 533).

Poser ses yeux sur un document, lire, représente tout autre chose, même si c'est bien souvent la lecture qui suscite la proximité. C'est en effet la lecture des auteurs antiques qui, sans qu'elle le sache, l'a ramenée à Hadrien. «Durant les années, d'avance et sans le savoir, j'avais ainsi travaillé à remeubler les rayons de Tibur. Il ne me restait plus qu'à imaginer les mains gonflées d'un malade sur les manuscrits déroulés» (524). Il faut avoir beaucoup lu pour savoir reconnaître l'objet, le fragment significatif, et en écrire. En définitive nous devons toujours revenir à la lecture. La plupart des traces, et même des traces écrites ne nous arrivent que par la médiation d'autres écrits. Si on pouvait directement et littéralement toucher et voir, il n'y aurait pas d'histoire, pas de récit. Dans une conception romantique de transmission de main à main, les restes du passé devraient pouvoir nous faire sentir immédiatement ce qu'était la vie d'autrefois. Mais ils sont inopérants sans le geste humain qui les lègue, et qui est repris dans l'écriture de l'archive. Chaque objet, même intact, est un fragment d'un tout auquel il faut essayer de le relier par une écriture dont la singularité désigne son auteur aussi sûrement qu'une autobiographie directe. Dans l'infinie justification ajoutée par ses notes aux romans historiques, il y a chez Yourcenar comme un effort de transmission symbolique de ce qui est au plus près de la trace.

La poétique du vestige et de la ruine repose sur une érudition du débris et sur une imagination guidée par cette érudition. Le questionnement insistant des traces et leur réécriture par Yourcenar se poursuit de livre en livre, qu'il s'agisse de fiction, d'essai, ou d'écriture plus proche de l'autobiographie. Elle finit par constituer un véritable catalogue imaginaire et partiellement raisonné d'objets, de textes, de monuments, de paysages, de noms, un panorama très personnel du monde vu sous l'angle de son rapport à l'histoire humaine. C'est cette sorte de livre sous les livres, cette texture en filigrane de toute l'œuvre, qui constitue, par une extension que légitiment les méthodes de la nouvelle histoire, l'archive yourcenarienne.

Les éléments qui la composent ne sont pas tous des «archives» au sens usuel du mot, c'est-à-dire, selon Larousse, d'«anciens titres, chartes, manuscrits et autres documents importants concernant l'histoire d'un état, d'une ville, d'une famille, d'une administration publique ou privée». La sélection faite par Yourcenar n'est jamais close, mais au contraire guidée par un sens de l'élargissement progressif de la filiation qui nous fait légataires «de la terre entière», «de toute une province, de tout un monde» (*AN,* 973). Son archive à elle ne porte pas nécessairement le sceau d'une institution. Elle est composée bien sûr de monuments, d'œuvres d'art, d'objets culturels familiarisés par l'étude. Les livres y tiennent une place de choix, première patrie pour Hadrien, et terrain de rapprochement entre Michel et Fernande; Yourcenar cherchera toujours à recomposer la bibliothèque des êtres qu'elle veut connaître. Elle se montre aussi fascinée par les écrits, journaux, lettres, et ces mementos de la religiosité bourgeoise que sont les «souvenirs pieux». Son archive comporte également les objets transmis ou simplement laissés par la famille, et tous ceux qui sont rencontrés par hasard et dont l'importance ne dépend d'aucune investiture. «Il y a ainsi de ces objets qu'on garde, on ne sait pas pourquoi», dit le narrateur du *Coup de grâce* à propos du collier de perles de Sophie qu'il a conservé comme *malgré lui*. Tout objet gardé, transmis, pose des questions à qui le retrouve ou le reçoit, et surtout des questions sur lui-même ou elle-même : comment le regarder, et pourquoi le garder ?

Il est encore une autre catégorie de trace dont Yourcenar fait grand usage dans *Le Labyrinthe,* c'est la photographie. Ce n'est pas un objet comme les autres. Elle est faite pour porter témoignage de la présence et de l'apparence de ce qui fut. Différente du portrait auquel elle ressemble pourtant par bien des aspects, elle contient une promesse de reproduction du réel, elle fige l'instant en image et donne une illusion de présence immédiate. Yourcenar interroge passionnément l'album de famille, fascinée par l'impossible statut ontologique de la photographie. «Ces gens, qui aujourd'hui sont authentiquement des fantômes, se tiennent devant nous, comme leurs revenants pourraient le faire, vêtus de spectrales redingotes. et de fantomales crinolines» (*AN*, 1069). Une grande partie de son étude des photos de famille, «devenues des radiographies», ira enrichir sa connaissance anthropologique de l'époque, mais Yourcenar cherche aussi sur les physionomies, dans les gestes figés et les costumes mis pour la pose, le trait qui va retenir son émotion, apporter une petite révélation.

Aux vestiges matériels laissés par les civilisations et les empires disparus, ou par les ancêtres, il faut ajouter pour compléter l'archive yourcenarienne les versions précédentes de ses œuvres, souvent mentionnées dans ses préfaces, et qui restent présentes sous leurs ratures alors même qu'elles ont été détruites ou rendues inaccessibles par la volonté de l'auteur. Enfin *Le Labyrinthe du monde* ne serait pas ce qu'il est sans les témoignages oraux, et sans doute n'existerait-il pas sans les récits du père de Marguerite, qui forment l'essentiel de ce qu'elle sait de ses parents. Elle a donc le plus souvent à faire à des traces de traces — gravures de Piranèse immortalisant les ruines de Rome, inscriptions effacées sur les tombes rappelant qu'une trace lisible a existé, ou récits de récits.

La rêverie sur les objets va plus loin que l'histoire humaine, puisque par leur matière ils sont attachés au monde animal ou à la terre. La croix d'ivoire suspendue au-dessus du berceau de la nouvelle-née est un de ces objets synthèse, *pieux* bibelot témoin de la sentimentalité religieuse de l'époque, témoin aussi du stupide irrespect humain envers la nature et le temps du monde naturel. «Cette grande masse de vie intelligente, issue d'une dynastie qui remonte au moins jusqu'au début du Pléistocène, a abouti à cela. Ce brimborion a fait partie d'un animal qui a brouté l'herbe et bu l'eau des fleuves» (*SP,* 723). Comme Roger Caillois, à qui elle a rendu hommage en entrant à l'Académie Française, Yourcenar a progressé vers un au-delà ou plutôt un en-deçà de l'histoire dans son appréhension des objets, reprenant presque à son compte l'expression d'«archives de la géologie». Son discours d'hommage, republié sous le titre «L'Homme qui aimait les pierres» (*EM,* 535-55) donne une force plus que poétique à cette métaphore, transformant la sensibilité à la trace en un sentiment très fort d'appartenance cosmique, «le long d'une échelle qui va des molécules aux astres» (546). Un caillou, un coquillage, où le regard entraîné lit l'inscription des millénaires, sont des objets toujours reçus comme un héritage. «L'observateur remonte pensivement de l'objet dur, arrêté, ayant acquis à jamais son poids et sa densité propres, résultat lui-même d'un tâtonnement millénaire, vers un univers où la pierre qu'il soupèse a été boue, sédiment ou lave». (552) Temps historique, temps personnel et temps cosmique convergent, parfois de façon incongrue, pour peu qu'on sache lire ces objets. C'est comme si le grand rêve de l'histoire devait conduire au rêve de transcender l'histoire. Alors est restituée au mot «archive» sa valeur étymologique de ce qui se réfère aux commencements, avec cette nuance toutefois que le commencement reste inassignable à un moment précis du temps.

Il est remarquable que, dans ce vaste inventaire, il n'y ait pas d'objet qui joue le rôle de la madeleine de Proust, de ces objets dont l'odeur et la saveur continuent, «sur la ruine de tout le reste, à porter sans fléchir, sur leur gouttelette presque impalpable, l'édifice immense du souvenir».[1] L'intégration symbolique des objets ou des paysages dans l'écriture de Yourcenar passe par la discipline d'historienne intégrée à sa mémoire personnelle. Cette discipline renforce le désir d'échapper au culte du moi et évince les souvenirs personnels. Déplacement ou répression, il faut un long détour par les traces des générations précédentes pour arriver à effleurer quelques souvenirs de sa vie dans le troisième volume du *Labyrinthe* ! «La mémoire n'est pas une collection de documents déposés en bon ordre au fond d'on ne sait quel nous-même. Elle vit et change, elle rapproche des bouts de bois morts pour en faire de nouveau de la flamme» (*QE,* 1384).

---

1. *A la recherche du temps perdu* . Bibliothèque de la Pléiade, 1954 T. I, p. 47.

Parmi ces bouts de bois morts, aucun n'est privilégié. Et avec cette flamme qui rappelle toujours l'*ignis noster* de l'alchimiste, on est loin de la jouissance proustienne de la remémoration.

Méthodes

Réagissant au conseil que lui donnait une amie au moment de la déclaration de guerre, à savoir de faire du reportage en s'arrangeant pour être «à Paris le jour où il brûle, et à Berlin le jour où Hitler se rendra», Yourcenar écrit «Je savais que ce n'est pas ainsi que se faisait ma prise de contact avec les événements; j'étais commise à des méthodes plus lentes et à de moins voyants résultats».[1] En 1939, elle a déjà exercé ces méthodes qui consistent précisément à aborder le présent par de longs détours. Les essais des années trente me paraissent révélateurs à cet égard, et en particulier ceux qui ont été réunis en 1989 dans *En pèèerin et en étranger*.

Un texte non retouché, «Ravenne ou le péché mortel», donne une clef de la vision par superposition et analogie que Yourcenar va mettre au point. A Ravenne, entraînée par la lecture du roman de Huysmans, *A rebours*, elle trouve à des Esseintes des «complices de rêve, de silence, de catalepsie» dans les artistes du Bas-Empire (*EM*, 485). Eprouvant quant à elle la séduction d'une double décadence, elle s'adonne à un véritable exercice de visionnaire devant les mosaïques de la basilique, dans un délire de la mémoire qu'elle évoque par cette phrase inachevée : « Hyperbole de ma mémoire...». (*EM*, 485). On reconnaît le début du poème de Mallarmé «Prose (*pour des Esseintes*)», « HYPERBOLE! de ma mémoire/Triomphalement ne sais-tu/Te lever . . . »[2] L'intensité de ces quelques pages sur Ravenne fait sentir avec quel enthousiasme Yourcenar applique la voie analogique à l'histoire. Bien qu'elle ait déformé la citation de Mallarmé à son usage, l'écho intertextuel fonctionne pleinement. «Car j'installe, par la science/L'hymne des cœurs spirituels/En l'œuvre de ma patience,/ Atlas, herbiers et rituels» (Mallarmé, 56). On retrouvera dans presque tous ses essais la mise en pratique de ce qui est à la fois jeu avec le temps et jeu avec la culture.[3] Elle se laisse rarement aller à parler d'influences, et encore moins de causes, mais rapproche inlassablement les éléments du spectacle qu'elle a sous les yeux de ceux de la mémoire culturelle d'une spectatrice qu'on est tenté de

1. «Annexe IV. *Commentaires sur soi-même*», in Savigneau, p.504.
2. *Oeuvres complètes*. Bibliothèque de la Pléiade, 1945, p.55.
3. Un feuillet des notes inédites montre à quelle sorte d'exercices analogiques se livrait Yourcenar. «*Littérature française* (pour aider l'imagination) : Corneille = Signorelli (moins beau pourtant) / Racine = entre Raphaël et Giorgione (plus aigu, plus sec) / André Chénier = Corrège ou ce qui reste de Corrège dans Prud'hon. . . . Proust = involontairement Bosch et volontairement Renoir ou Manet là où il s'applique à bien peindre.»

nommer idéale et qu'elle désigne par *on*. Dans «L'Improvisation sur Innsbruck" se manifestent aussi le goût et le talent de Yourcenar pour l'élaboration de réseaux de références qui élargissent sa vision du présent.

Devant ces angelots, ces rayons, ces bonnets fleuris des vierges, on se prend à songer que l'Europe française du siècle de Voltaire fut aussi une Europe jésuite, et, par Casanova, une Europe vénitienne. On a dit cent fois que ces jardins d'Autriche copient maladroitement Versailles : ceux de Versailles, tracés plus tôt, se composent autour d'une idée de majesté; ils offrent leurs terrasses au déploiement d'une cour. Les jardins viennois s'attendrissent d'influences sentimentales et bourgeoises : des seigneurs, ayant dans le sang mille ans de dure vie féodale, se réveillent un matin, tout surpris, à la tiédeur d'un printemps baroque. *EM*, 455

Cette perception du devenir dans laquelle l'enchaînement linéaire finit par se brouiller, coupé de courants transversaux, est une constante de l'imagination historienne de Yourcenar. Non seulement elle lui tient lieu de conception de la causalité historique, mais elle est pleinement déployée en tant que méthode, à l'autre extrémité de son œuvre, dans les chroniques familiales. Yourcenar intitule une section d'*Archives du Nord* «Le Réseau», mais toute la trilogie suit une composition réticulaire. C'est sa façon de s'attaquer à une vision monolithique des périodes de l'histoire. De l'analogie entre les formes d'art, elle passe aux ressemblances d'une période à une autre, aux liens de la grande à la petite histoire et de l'historien à son sujet. «Il n'y aurait presque aucun intérêt à évoquer l'histoire d'une famille si celle-ci n'était pour nous une fenêtre ouverte sur l'histoire d'un petit état de l'ancienne Europe» (*SP*, 750). Ainsi Liège, berceau de la famille de Fernande, est aussi celui de la famille de Charlemagne, et à partir de cette communauté de naissance, l'imagination de Yourcenar s'envole à travers les siècles pour conclure, «Nous sommes disposés à voir dans les quartiers populaires de Liège un prolongement du Faubourg Saint-Antoine, et dans Liège elle-même ce chef-lieu du département de l'Ourthe qu'en fit la Révolution» (751).

Il y a de quoi étourdir n'importe quel lecteur rencontrant dans l'espace d'un court paragraphe Saint-Hubert, Charlemagne, Commynes, Grétry, César Franck, et Théroigne de Méricourt. Comme l'a écrit Henk Hillenaar à propos des essais de Yourcenar, «Chaque nouveau nom *essaime* . . . Les distances de toutes sortes qui existent entre ces personnages souvent fort divers sont comblées grâce à quatre registres d'écriture : la grande histoire des manuels, la petite histoire quotidienne . . . l'histoire culturelle de l'Europe d'hier, et la prévision des désastres qui vont frapper celle d'aujourd'hui».[1] Il faudrait à mon sens ajouter à ces quatre registres celui de l'analyse épistémologique scrupuleuse, intégrée à l'écriture, de ses sources et de ses hypothèses (un peu moins dans le troisième volume qu'elle n'a pas eu le temps de corriger autant que les autres). Par là Yourcenar se rapproche de l'historiographie contemporaine, dont elle s'éloigne pourtant dans ses envolées d'imagination analogique.

Ce que Yourcenar fait avec un témoignage écrit, celui des journaux et poèmes laissés par son grand oncle Octave Pirmez est un bon exemple de sa méthode historico-poétique. La troisième partie de *Souvenirs pieux*, «Deux voyageurs en route vers la région immuable», où il est question d'Octave et de son frère Rémo, peut paraître une interminable digression qui nous éloigne de Fernande. Mais Yourcenar s'est laissé fasciner par ce grand-on-cle fin lettré, intelligent et timide, à qui ne la rattachent objectivement que des liens très ténus. Elle réussit à nous entraîner, par un montage de détails, de citations, de fragments de discours indirect libre, dans le rythme du vécu parfois interrompu d'éclats de son ironie. C'est une technique qu'elle a déjà appliquée, l'ironie en moins, pour évoquer la vie intérieure d'Hadrien ou de Zénon, surtout pour le mouvement de l'inquiétude ou de l'angoisse, car les saisons heureuses sont peu rythmées. Ici Yourcenar enchâsse des fragments du journal d'Octave dans ses phrases à elle qui ne sont tout au plus, dit-elle, «qu'un faufil». De ce médiocre poète, elle a réussi à faire ainsi une existence poétique. Au delà des écrits d'Octave, c'est le contexte wagnérien, la tragédie du suicide du frère bien-aimé, le contrepoint de l'hypocrisie bourgeoise, qui restituent la présence d'Octave tentant de créer le mythe de «l'âme radieuse» de Rémo.

> «Il n'a été ni humainement, ni divinement soutenu». Octave s'arrête net, repris par son débat de conscience : oui, c'est bien ainsi qu'il tente de représenter la situation dans son livre... Il dresse à son frère une petite stèle de marbre blanc... Tombeau de Rémo... Mais l'hypocrisie, contre laquelle Rémo a cru devoir lutter jusqu'au dernier souffle, ne brouille-t-elle pas déjà les lettres de l'inscription tombale ? Dès la première page, cette formule «l'accident fatal... » et, plus bas, «l'arme chargée à son insu...».... Mme Irénée [leur mère] en dépit des essais qu'elle a composés sur quelques femmes du Grand Siècle, n'y regardera pas de si près, et jugera que son Octave se conforme à ce qui est devenu l'article de foi de la famille : Rémo est mort d'avoir manié un revolver qu'il ne savait pas chargé et qu'il a distraitement tourné contre sa poitrine. 825

Dans les dernières œuvres de Yourcenar se retrouvent, parfaitement maîtrisées, enrichies de variantes subtiles, les techniques de resserrement ou

---

1. «Les essais de M.Y. : analogie et éternité», *Voyage et connaissance dans l'œuvre de M.Y.* Mélanges coordonnés par C. Biondi et C. Rosso. (Pise : Editrice Libreria Goliardica, 1988),p.125.

de distension du temps qu'elle appliquait dans sa description du tombeau de Maximilien Ier à Innsbruck ou son évocation de Ravenne. Mais les chroniques familiales ne seraient pas ce qu'elles sont si Yourcenar n'était passée par la composition de *Mémoires d'Hadrien*.. Sa réflexion épistémologique sur la vérité du discours historique s'est approfondie au cours du travail intense fourni pendant plusieurs années. C'est principalement à partir de ce travail que s'est manifesté dans son œuvre le croisement de la fiction et de l'histoire, dans le réalisme du récit imaginaire ou l'art narratif de tout récit historique. L'entrecroisement s'est poursuivi avec *L'Œuvre au noir* et a fini par s'intégrer à la matière même de la trilogie *Le Labyrinthe du monde*, jusqu'à en devenir le sujet.

Hadrien a été de plus une expérience spirituelle bouleversante. Pour essayer de la définir, je reviendrai encore à une intuition de jeunesse de Yourcenar qui note la différence entre les êtres du passé et nous. «Là est le privilège des personnages de l'histoire : ils sont, parce qu'ils furent. Tandis que nous ne sommes pas encore : nous commençons, nous essayons d'exister» (*EM*, 454). On trouve dans la suite du texte un écho de la formule existentialiste, «seule la mort transforme la vie en destin». «Les morts ont sur les vivants cet avantage immense : ils nous présentent, et nous présentent au complet, les résultats d'une expérience qu'on ne refera pas». Ce qui rend chacun d'eux unique peut être saisi dans son ensemble, permanence idéale dont la permanence des vestiges matériels ne permet qu'une faible approche.

Avec Hadrien, Yourcenar a exploré pas à pas, et non sans angoisse, la distance qui la sépare d'un être du passé révolu, éprouvant à chaque étape la vérité de ce «nous ne sommes pas encore», dont le «Carnet de notes» donne une idée. Lorsqu'elle évoque l'interruption de son travail sur Hadrien pendant les années noires de la guerre, elle écrit, «[n]'importe : il fallait peut-être cette solution de continuité, cette cassure, cette nuit de l'âme que tant de nous ont éprouvée à cette époque, chacun à sa manière et souvent de façon bien plus tragique et plus définitive que moi, pour m'obliger à essayer de combler, non seulement la distance me séparant d'Hadrien, mais surtout celle qui me séparait de moi-même» (523-24). Elle sait que cette distance ne sera pas comblée. «Ma propre existence, si j'avais à l'écrire, serait re-constituée par moi du dehors, péniblement, comme celle d'un autre» (527).

Pour se rapprocher d'Hadrien, elle a, on le sait, utilisé une double méthode de magie sympathique et d'érudition, dont elle a donné un con-densé saisissant dans la page du «Carnet» qui commence ainsi : «Les règles du jeu : tout apprendre, tout lire, s'informer de tout, et, simultanément, adapter à son but les *Exercices* d'Ignace de Loyola ou la méthode de l'ascète hindou qui s'épuise, des années durant, à visualiser l'image qu'il crée sous ses paupières fermées» (528). Méthode qui exige une torsion acrobatique entre l'identification et la distanciation. «Travailler à lire un texte du IIe siècle avec des yeux, une âme, des sens du IIe siècle. . . Se servir pourtant, mais prudemment, . . . des possibilités de rapprochements et de recoupements, des perspectives nouvelles peu à peu élaborées par tant de siècles et d'événements qui nous séparent de ce texte, de ce fait, de cet homme».

Si les critiques s'émerveillent, à juste titre, de l'érudition historique de Yourcenar, ils s'étonnent encore davantage de l'art avec lequel elle la dissimule en l'intégrant à un style parfaitement littéraire.[1] De quoi s'étonne-t-on en fait ? Que ce qu'on a pris pour un roman soit en réalité de l'histoire, ou de l'inverse ? Cet éloge ne revient-il pas à présupposer une incompatibilité entre vérité historique et écriture littéraire ? Excuse-t-on l'histoire d'être trop sèchement scientifique ou le roman d'être faux ? Chaque écrivain de fiction qui se tourne vers l'histoire ajoute une variante imaginative à ce débat interminable. Yourcenar pousse la notion de fiction à ses extrêmes limites, du côté de l'histoire, mais aussi du côté du mythe et de l'archaïque qui fonde le sens. D'une part, elle semble vouloir établir une sorte de légitimité historienne, un «tout est vrai» plus documenté que celui de Balzac. Mais l'intérêt de ses notes n'est pas épuisé par leur fonction de preuve. Ce n'est pas seulement parce qu'Hadrien a existé que le personnage recréé par Yourcenar est émouvant, même si c'est le fait qu'il a existé qui a ému l'auteur au point de départ. J'aurais même tendance à dire que ce qui est le plus «vrai» chez Hadrien, de cette vérité humaine et artistique cherchée par Yourcenar, c'est cette émotion du temps que lui prête l'auteur, animant ainsi les détails historiquement exacts de sa propre passion.

---

1. Voir par ex. Rémy Poignault, «Alchimie verbale dans *Mémoires d'Hadrien* de Marguerite Yourcenar», *Bulletin de l'Association Guillaume Budé*, 3, Oct 84, 295-321. «Les textes de référence sont intimement intégrés à l'ouvrage de façon à se fondre dans l'unité du style d'Hadrien. . . . Chaque phrase est sous-tendue par une somme d'érudition, qui a la suprême élégance de se dissimuler sous le naturel.»

Chapitre V

Généalogies

La famille est l'espace tragique par excellence
André Green, *Un œil en trop*

On «fait» un roman pour devenir ce patriarche
comblé d'ans et d'honneurs qui tient entre ses
mains les fils mêlés de l'histoire et de la
physiologie.
Marthe Robert, *Roman des origines et
origines du roman.*

Dans tous ces jeux avec le temps, avec la culture, et dans le parcours
des réseaux de transmissions et d'influences, l'autobiographie souvent frôlée
se dissout comme projet isolable. Une question très subtilement autobiographique est cependant posée par le koan Zen qui sert d'exergue à
Souvenirs pieux, «Quel était votre visage avant que votre père et votre
mère se fussent rencontrés ?» A l'orée du premier volume de ce qu'elle
appelle des «chroniques familiales partiellement autobiographiques» (*OR*,
ix) Marguerite Yourcenar annonce par la référence à cette question
énigmatique venue d'une philosophie orientale qu'une nouvelle forme
d'esquive de l'autobiographie sera tissée à l'enquête sur les parents.

Yourcenar a toujours entretenu des rapports ambivalents avec l'autobiographie, disant souvent ne pas comprendre cette obsession du moi,
livrant des fragments de révélation soigneusement calculés dans ses préfaces
et ses interviews, affirmant finalement que toute œuvre est d'une certaine
manière autobiographique. Dans les trois volumes qui composent *Le
Labyrinthe du monde* (*Souvenirs pieux, Archives du Nord,* et le volume
posthume *Quoi ? L'Eternité*) elle semble pourtant se tenir au plus près des
conventions du genre, du moins de celle de l'identité entre auteur et narrateur. Mais sa place à elle en tant que personnage dans ces trois livres se
trouve réduite à la portion congrue. L'annonce de quelque chose comme
une *Histoire de ma vie* contenue dans les premiers mots de *Souvenirs pieux*
(«L'être que j'appelle moi vint au monde . . .» 707) n'a pas de suite immédiate, puisque le texte s'attarde sur le moment de la naissance, d'où la
conscience de l'enfant est notoirement absente, pour s'orienter ensuite vers
l'évocation des parents, aïeux et collatéraux. L'enquête généalogique diffère
et bloque l'entreprise autobiographique l'espace entier de deux volumes. Le

troisième ne donne quelques souvenirs de la narratrice que dans «Les Miettes de l'enfance», et «Les Miettes de l'amour». Le *je* y est pourtant toujours présent, mais essentiellement comme maître du jeu de la connaissance et du récit, et non comme sujet d'une vie racontée.

Pris dans le flux du temps, les personnages de la famille et elle-même doivent être traités «tout comme» des personnages historiques. «La vie de mon père m'est plus inconnue que celle d'Hadrien» (*OR*, 527). Dans *Le Labyrinthe du monde*, de multiples savoirs convergent, ceux de l'histoire, de la mythologie, de la géographie. Le travail de l'historienne se colore de motivations diverses : la passion fouineuse de l'archiviste, le regard sur les couples d'ancêtres, indiscret ou amusé, de celle qui, ayant atteint ou dépassé leur âge, peut maintenant se sentir leur aînée, et même une curiosité pour les linéaments du *moi* rencontrés dans ce voyage spatio-temporel. On y trouve toujours l'exploration méthodique et poétique des traces, assortie de la lamentation sur le sort des vestiges du passé. C'est le même élan vers la reconstitution des vies disparues que dans les livres historiques précédents, mais d'autant plus libre qu'il s'agit de vies plus obscures. On a l'impression que c'est avec un véritable bonheur que Yourcenar a retrouvé sa curiosité de jeunesse pour la généalogie, après avoir affiné ses méthodes et élargi ses connaissances. Peut-être a-t-elle éprouvé en écrivant ces livres quelque chose de la jouissance du pétrisseur, décrite par Bachelard dans *La Terre et les rêveries de la volonté*, comme on peut l'imaginer en lisant cette phrase : «Dans *Archives du Nord,* j'ai le sentiment d'avoir pétri une pâte très épaisse» (*YO* , 237).

Chacun des trois volumes a son mouvement propre et sa tonalité émotive distincte liée à un centre énigmatique. J'ai déjà évoqué le déroulement heurté de *Souvenirs pieux*, troué de toutes sortes de digressions dans l'espace et le temps. Malgré cela, le livre est bien le *tombeau* littéraire de Fernande. Pour retrouver sa mère, il faut d'abord à Marguerite beaucoup travailler sur des «bribes de faits crus» (708), et rêver sur le peu qu'elle «devine». Les «faits crus» sont d'une précision presque clinique dans le chapitre d'ouverture «L'Accouchement», qui évoque aussi le mal de dents, les linges sanglants, les feuilles de température, l'agonie. Un peu plus tard, la première d'une longue série de photographies qui seront examinées dans *Le Labyrinthe* est celle de Fernande sur son lit de mort. La description de «cette gisante de 1903» (732-33) rejoint le topos de la statue de femme sur un tombeau. Il n'y manque même pas l'image du petit chien. Enfin l'évocation de Fernande dans le paragraphe final du livre est entièrement poétique : la jeune femme s'étend sur une chaise-longue «comme une voyageuse sur le pont d'un transatlantique», au moment où le visage de Marguerite «commence à se dessiner sur l'écran du temps» (943).

L'émotion n'est pas exprimée, mais la juxtaposition de ces moments et de l'image liée à chacun d'eux, suggère le regard insistant, à une distance presque religieuse, posé sur cet être (ce corps) dont elle est sortie.

Archives du Nord se déroule selon un mouvement plus ample et plus sûr à partir de la nuit des temps. La lignée paternelle lui a toujours été beaucoup mieux connue puisqu'elle a vécu avec son père, «cet homme qui parlait librement de tout» (713), mais qui se taira sur les circonstances de la mort de sa première femme. Peu importe que le secret soit facile à percer pour qui a lu les trois volumes, il reste un effet de secret pour la narratrice qui ponctue son récit d'allusions à ce «certain brûlant et tragique jour d'août» (1092). Ce volume donne à Yourcenar l'occasion de peindre en une fresque vigoureuse et parfois très satirique la constitution d'un réseau familial solidement bourgeois en Flandre française. A la fin du premier volume, nous étions retournés avant la naissance, Marguerite était à l'état de potentialité; à la fin de celui-ci, elle a quelques semaines. «Mais il est *trop tôt* pour parler d'elle» (1182). La formule me frappe d'autant plus qu'à deux reprises dans *Souvenirs pieux* (726, 741), Yourcenar a cité des vers de Musset sur la mort de la Malibran à propos de la mort de Fernande («Sans doute il est *trop tard* pour parler encor d'elle;/ Depuis qu'elle n'est plus quinze jours sont passés..».), citation qui introduit des allusions complexes dans le réseau de coïncidences où se complaît son imagination.[1] Trop tôt : il sera toujours trop tôt pour parler d'elle, puisque, à la différence des morts, «nous ne sommes pas encore» (*EM*, 454). Trop tard : sourire amer devant l'oublieuse mémoire humaine.

Le troisième volume, que Yourcenar n'a pas eu le temps de réviser, ni sans doute de finir, est le point où la chronique devrait rejoindre la mémoire personnelle. On s'attendrait à ce qu'il soit consacré à l'enfant après la mère et le père, mais l'essentiel du livre tourne autour du mystère de Jeanne. Amie de pension de sa mère, demoiselle d'honneur au mariage de ses parents, retrouvée par Michel après la mort de Fernande, elle fut sans doute le grand amour, très vite perdu, du père de Marguerite. La place qui lui est donnée dans ce livre et ailleurs[2] montre assez que la fille a hérité de

---

1. (C'est moi qui souligne). Ses parents récitaient souvent ce poème de Musset, qui est un adieu à une morte. De plus, coïncidence, la mairie où Michel déclare la naissance de Marguerite a été la résidence de la Malibran, non loin du cimetière où le Général Boulanger s'est suicidé sur la tombe de sa maîtresse. Yourcenar rapproche tous ces détails sans analyse. A nous de travailler sur les chagrins d'amour et le suicide évoqués autour d'une naissance. La deuxième occurrence de la citation vient lorsque Michel envoie le «souvenir pieux» de Fernande, et à ce moment de deuil officiel, l'ironie de Musset joue à plein.
2. Voir «En mémoire de Diotime : Jeanne de Vietinghoff» in *Le Temps, ce grand sculpteur, EM*, p.408-14, et «Sept poèmes pour Isolde morte," 1930, repris dans *Les Charités d'Alcippe* sous le titre «Sept poèmes pour une morte».

cet *amour*, bien qu'elle ait très peu connu cette femme. Le chapitre «Les Miettes de l'amour», consacré aux amours de Michel après la rupture avec Jeanne, se termine sur une belle scène de retrouvailles entre Jeanne et l'enfant. Il serait peut-être plus juste de dire qu'elle a hérité d'une histoire d'amour impliquant trois personnes plutôt extraordinaires, qui sont les meilleurs modèles possibles pour des personnages de fiction. Le triangle Michel/Jeanne/Egon (le mari de Jeanne) est la configuration des relations passionnelles qui se retrouvent à travers de nombreuses œuvres de Yourcenar. Lorsqu'elle compare, assez cryptiquement, le triangle Electre / Oreste / Pylade au motif des monnaies grecques de Sicile (*Th. II*, 21), elle fait allusion à un triple motif rattaché organiquement à une figure mythique centrale, et qui évoque un mouvement de roue qui tourne. C'est sans doute cette image princeps qui peut s'appliquer à tous les triangles amoureux de son œuvre.

Ces trois volumes de remontée dans l'histoire des familles forment un parcours temporel réuni sous le signe de l'espace mythique du labyrinthe, avec l'écho du mythe de Thésée, dont une des fonctions est de déguiser le souci de soi en fable de lutte avec un monstre. En même temps le titre général rattache l'histoire des familles à la scène du *monde*. Il s'agit bien sûr du monde comme il va, au sens historique de l'expression, du monde plein d'absurdités grotesques décrit par Comenius, l'écrivain tchèque du XVIIᵉ siècle à qui le titre est emprunté. C'est aussi le milieu social, avec ses préjugés et son hypocrisie, sur lesquels Yourcenar exerce son ironie. C'est encore l'univers entier, puisque Yourcenar s'efforce d'accomplir une sortie de l'histoire du côté de l'origine des choses, faisant de nous non seulement les usagers de la terre, mais ses *légataires*. Le Thésée de *Qui n'a pas son Minotaure* ne rencontre dans le labyrinthe, en fait de monstre, que des fragments de son passé et de son avenir, sans y reconnaître jamais son visage, prenant par exemple la voix de Thésée vieilli pour celle de son père. Dans la pièce de Yourcenar, il n'est qu'une caricature de héros, capable seulement de reproduire des attitudes de pouvoir et de violence, alors qu'Ariane, elle, a compris la vraie nature du Minotaure. Ne dit-elle pas, avant de *décider* de rester à Naxos, «[n]ous n'avons pas quitté le labyrinthe» (Th.II, 222)? C'est un labyrinthe encore plus vaste, beaucoup plus vaste que celui de l'existence individuelle, que trace la dernière trilogie de Yourcenar.

Le «visage d'avant» évoqué par la question Zen est inaccessible par la remémoration personnelle. Pour en approcher, il faut essayer de relier la singularité de l'individu à l'en-deçà de la naissance, par l'exercice de ce que

Maurice Delcroix a bien nommé «la mémoire immémorielle».[1] Nous lisons vers la fin d'*Archives du Nord* : «L'enfant, elle, a environ six semaines. Comme la plupart des nouveaux-nés humains, elle fait l'effet d'un être très vieux et qui va rajeunir. Et, en effet, elle est très vieille : soit par le sang et les gènes ancestraux, soit par l'élément inanalysé que, par une belle et antique métaphore, nous dénommons l'âme, elle a traversé les siècles. Mais elle n'en sait rien, et c'est tant mieux» (1179).

Commencements

Dans la «Chronologie» rédigée en 1982 pour introduire le volume de ses œuvres romanesques, Yourcenar dit avoir commencé la rédaction de *Souvenirs pieux* en 1969. Mais il ne s'agit pas chez elle d'un intérêt soudain pour ses ancêtres. Nous le savons, toutes ses grandes œuvres étaient en germe dans ses projets de la vingtième année. La même «Chronologie» décrit les étapes successives qui l'ont conduite au *Labyrinthe du monde* .

En 1921, Marguerite Yourcenar (nous l'appellerons désormais ainsi), en lisant des documents généalogiques concernant sa famille paternelle, avait fait le projet d'un long roman contenant l'histoire de plusieurs familles ou groupes reliés entre eux et s'étalant sur quatre siècles. . . . cet immense roman irréalisable et irréalisé, que Marguerite Yourcenar s'était proposé d'intituler *Remous,* a été en quelque sorte inconsciemment continué dans les deux premiers volumes du *Labyrinthe du monde*, construits autour de l'histoire de plusieurs familles du nord de la France et de Belgique au XIXe siècle et remontant parfois vers des ascendants beaucoup plus lointains. . . . *OR*, xv

1929-31 - Années partagées entre Paris, la Belgique où Marguerite Yourcenar fait plusieurs séjours pour essayer de récupérer une partie de l'héritage maternel, la Hollande, ... xviii

[1954] - Une visite dans le nord de la France inclut les sites de l'enfance point revus depuis tant d'années, et sert de préparation aux futures *Archives du Nord*, . . . Il en va de même pour une visite en Belgique où elle revoit, ou même voit pour la première fois, certains lieux habités par sa famille maternelle, jetant ainsi les bases de *Souvenirs pieux*. . . . xxv

1956 - Elle fait à Acoz [Belgique] une nouvelle visite qui servira de jalon aux futurs *Souvenirs pieux*. . . . xxvi

1969 - Marguerite Yourcenar entreprend la rédaction de *Souvenirs pieux*. xxix

Après cette date, elle mentionne à peine, dans la même phrase, la parution des deux livres en 1974 et 1977, puis elle note sous la rubrique de 1982 : «Retour à Paris. Marguerite Yourcenar entreprend de rédiger *Quoi ? L'Eternité*.».

---

1. *Marguerite Yourcenar. Biographie, Autobiographie.* Actes du Colloque international, Valencia, octobre 1986, Elea Real, ed. pp. 159-67.

Ce survol chronologique appelle plusieurs remarques. Tout d'abord, c'est la généalogie paternelle qui a très tôt retenu son attention en 1921, sans qu'on puisse savoir si c'est un hasard ou une recherche délibérée. C'est un rappel de la présence du père, Michel de Crayencour, souvent mentionné dans les pages précédentes de la «Chronologie», alors que la mère, morte dix jours après la naissance de Marguerite, n'a été nommée qu'à cette occasion, sous la rubrique de 1903. Marguerite redécouvrira plus tard l'existence de sa mère.

Il est frappant aussi que ces étapes soient liées à des voyages et à la découverte des lieux, à l'exception du premier moment qui est une lecture de documents. La Belgique, pays de la mère, n'est visitée qu'en 1929, après la mort de son père, et dans un but qui n'a rien de littéraire ni de sentimental, «pour essayer de récupérer une partie de l'héritage maternel». Il faut attendre 1954 et 1956 pour trouver des mentions de visites plus désintéressées à la Belgique. C'est alors le domaine d'Acoz, demeure des oncles Pirmez, qui est mis en relief. *Archives du Nord* fournit des détails sur le moment qu'on pourrait appeler celui de la rencontre avec l'ascendance maternelle, au milieu des quelques pages consacrées à son demi-frère Michel Joseph, fils d'un premier mariage du père. Yourcenar montre peu d'affinités avec «ce personnage», que d'ailleurs tout opposait à son père, et qui se voulait le «restaurateur succédant au dissipateur» (1133). Mais Marguerite, «analphabète» en matière financière et légale et qui répugnait alors à se rendre à Bruxelles, «la capitale de l'épaisseur» (1136), avait, après la mort de son père, confié ses intérêts à Michel Joseph. Celui-ci semble ne pas les avoir défendus de son mieux lors de la crise mondiale de 1929, et une moitié à peine de l'héritage a pu être sauvé par un vieux juriste français et un de ses collègues belges. Le résultat de cet imbroglio familial, financier, et international, ou de ce qu'elle appelle «cette petite catastrophe» (1138), est pour elle triple : rupture avec son frère et la famille de celui-ci, reprise de contact, mais réticente et temporaire, avec le pays de sa naissance et de sa mère, et surtout décision de se donner «dix à douze ans de luxueuse liberté» grâce à sa petite fortune ainsi sauvée et «prudemment grignotée». Voici comment elle résume ce dénouement, à presque un demi-siècle de distance :

> Cette décision . . . me mena, avec une mince marge de sécurité, jusqu'en septembre 1939. Vivant du revenu de fonds placés en Belgique et gérés par mon demi-frère, je serais restée plus ou moins liée à une famille dont rien ne me rapprochait et à ce pays de ma naissance et de ma mère, qui, dans son aspect présent tout au moins, m'était totalement étranger. Ce krach aux trois quarts complet me rendit à moi-même. 1137

Etre rendu à soi-même, c'est toujours se délester. Ici, le retour à soi est exprimé d'une façon compliquée et le lest laissé derrière soi n'est pas que matériel. Cela passe d'abord par la mort de son père, mais aussi par une histoire d'argent, ou plus exactement d'héritage à demi perdu, et par le reniement de la famille du demi-frère, lequel se trouve vivre dans le pays natal de la mère de Marguerite à la suite de son propre reniement à lui du pays de son père.[1] Le geste de tourner le dos au pays de sa naissance et de sa mère est présenté comme une conséquence accidentelle d'une série de décisions justifiables au niveau superficiel d'un certain bon sens. Cet effet de labyrinthe joue au moins sur deux plans différents. D'une part, il souligne la prédilection de Yourcenar pour le rôle des circonstances et du hasard qui traversent les existences individuelles, les rapprochant ou les éloignant. Le labyrinthe remplit sa fonction mythique qui est de remplacer le psychologique qu'elle déteste par la fatalité de son dessin imprévisible. L'ascèse est une réponse à cette fatalité. D'autre part, c'est au niveau de l'écriture qu'est le véritable labyrinthe, le véritable parcours qui entrelace l'ordre de l'histoire et l'ordre du récit. Dans l'ordre de l'écriture, *Souvenirs pieux* vient en premier, et le moment de rencontre avec la lignée maternelle qui s'impose à la première lecture est celui de la visite au cimetière de Suarlée, située en 1956. Il est dramatisé par la méditation de Marguerite devant les pierres tombales aux épitaphes peu lisibles. «On pensait avec nostalgie aux beaux caractères fermes des inscriptions antiques, qui perpétuent à travers les siècles la mémoire du premier particulier venu» (739). Se sentant étrangère à «ces gens étendus là», la fille de Fernande n'en conclut pas moins que c'est à elle de «faire quelque chose», ce qui fait de *Souvenirs pieux* un substitut des épitaphes autrefois mal gravées.

Enjeux

La critique a pu saluer, après *Archives du Nord*, «la création d'un genre neuf» où le talent de l'écrivain «réalise somptueusement l'assomption de la généalogie en littérature».[2] Pour Yourcenar, créer un genre neuf est une entreprise familière qui consiste à jouer avec les règles traditionnelles en allant assez loin pour que leur sens devienne problématique, tout en s'arrangeant pour qu'on les reconnaisse. Elle y réussit particulièrement bien en ce cas. Le généalogiste doit être historien, archiviste, paléographe surtout, doué d'un très grand sens de la précision chronologique et de l'habileté du détective pour «rejointoyer» les détails (*SP*, 708). Yourcenar démontre qu'elle possède abondamment les qualités requises pour cette tâche, mais elle reconnaît aussi avoir pris des libertés avec l'impératif d'exactitude, ce

1. «... en fils qui prend en tout le contre-pied du père.... Michel sent vaguement qu'en changeant de pays, son fils renonce aussi à Montaigne, à Racine, aux pastels de La Tour et à *La Légende des siècles*» p.1132.
2. Cité par Josyane Savigneau, *op. cit.* p.371.

qui apparemment lui paraît d'autant plus excusable qu'on s'éloigne de la grande histoire.

> Il importe assez peu, et il importe encore moins au lecteur, que tel oncle obscur d'un de mes bisaïeuls se soit appelé Jean-Louis ou Jean-Baptiste, ou que telle propriété ait changé de main à la date que j'ai adoptée, ou dix ans plus tôt. Nous ne sommes ici que dans la très petite histoire. Note de *SP,* 945

Nous retrouvons ici cette formule troublante du «peu importe», manière familière chez elle de déplacer l'enjeu, même légèrement, par rapport au point où on croit le saisir. C'est aussi une manière de dénégation, car nous savons que les noms et les dates ont pour elle une grande importance poétique ou symbolique en plus de leur valeur signalétique. Elle rapporte soigneusement les noms des yachts de son père, les noms des chiens, de même que les efforts d'un certain oncle pour que son nom ne se perde pas. «Les noms courent toujours», pas nécessairement signes de filiation biologique, mais d'une fidélité (*SP*, 778).

La même désinvolture à l'égard des règles prévaut à propos du style de présentation. Une généalogie peut en général se résumer en un diagramme fait d'une ligne verticale unissant la suite des générations, cette «tige mince», traversée par les traits horizontaux des alliances. Yourcenar ne se contente pas de cette présentation sèchement objective qu'on ne trouve que dans ses notes préparatoires. Elle semble en fait prendre un immense plaisir à écrire les digressions, ou ce qui paraît tel par rapport au schéma généalogique. Cela ne facilite pas toujours la lecture. Les éditeurs de la traduction anglaise de *Souvenirs pieux* ont senti le besoin d'imprimer en tête du livre l'arbre généalogique traditionnel tel qu'on peut l'extraire de la narration. *Le Labyrinthe* impose de plus au lecteur un état d'alerte constant, comme un texte poétique, car chaque détail, chaque «tesson» compte pour lui-même et non par rapport à une intrigue comme dans un roman traditionnel.

Quel est donc l'enjeu de la recherche généalogique dans cette œuvre foisonnante ? On peut rattacher cette passion de Yourcenar à un besoin intellectuel qui dépasse en fait la famille, selon la formule prêtée à Hadrien, «l'esprit humain répugne à s'accepter des mains du hasard» (306). C'est insuffisant, car dans le domaine de la filiation biologique, humaine, l'inquiétude des origines n'est pas satisfaite par une représentation de la causalité. La question «qui suis-je ?» surgit toujours derrière la question généalogique «d'où est-ce que je viens ?» Non «de quel pays ?» bien que ce ne soit pas indifférent, mais de quelles rencontres, de quels accouplements ? La certitude que nous avons tous de descendre d'un père et d'une mère ouvre derrière nous une dimension temporelle où devrait pouvoir se lire, à travers ces autres qui sont «les miens», quelque chose qui annonce «l'être que j'appelle moi», selon la formule qui sert d'incipit à *Souvenirs pieux* (707). Mais ce regard en arrière à partir de l'individu présent risque précisément de dissoudre cet individu dans la foule de ses ascendants, car la petite histoire est aussi immense que la grande, que d'ailleurs elle rejoint.

> L'angle à la pointe duquel nous nous trouvons bée derrière nous à l'infini. Vue de la sorte, la généalogie, cette science si souvent mise au service de la vanité humaine, conduit d'abord à l'humilité, par le sentiment du peu que nous sommes dans ces multitudes, ensuite au vertige. *AN* , 973.

A plus d'une reprise, Yourcenar fait allusion à cette motivation très courante de la recherche généalogique personnelle qui est le désir de se légitimer en prenant sa place dans une lignée flatteuse, et chaque fois elle fait sentir son désaveu de l'entreprise généalogique ainsi comprise. Dans l'image de la lignée, l'idéologie traverse la biologie.

> Du fait de nos conventions familiales basées sur un nom transmis de père en fils, nous nous sentons à tort reliés au passé par une mince tige, sur laquelle se greffent à chaque génération des noms d'épouses, toujours considérés comme d'intérêt secondaire, à moins qu'ils ne soient assez brillants pour en tirer vanité. *id.*

La position de Yourcenar se situe quelque part entre l'attitude de son père et celle de son demi-frère, ainsi définies dans un passage où elle dresse la liste des contrastes qu'elle voit entre le père et le fils. «Michel, patricien qui se fout de ses ancêtres, ne sait même pas le nom de son arrière-grand-mère paternelle; Michel-Joseph donnera dans la généalogie» (*AN* ,1132). Le choix des mots est révélateur, l'indifférence du patricien se colorant de la vulgarité un peu hargneuse du verbe «se foutre», l'intérêt du fils se trouvant dégradé au rang de manie par la formule ironique «donner dans.»

Il n'est pas question ici de savoir si elle est juste ou non à l'égard de son demi-frère, mais de remarquer la fonction que celui-ci remplit dans le récit. Il sert très clairement de repoussoir. Il n'a pas, comme elle, passé son enfance et son adolescence avec son père. Quelle qu'en soit la cause, nature ou éducation, il est du côté des attitudes et des valeurs bourgeoises et matérialistes, celles de la grand-mère paternelle, que Marguerite, les yeux fixés sur son père, a comme lui reniées. Michel-Joseph, lui, a pris en tout le contre-pied de son père, en choisissant la Belgique contre la France, en ayant beaucoup d'enfants, en suivant rigoureusement la morale de son milieu. Il fera donc un usage ostentatoire de la généalogie, qui lui permet de renier la personne du père tout en se glorifiant du nom. Il aura même la manie du titre. Certes, un peu plus loin dans le texte, Yourcenar nuance son jugement sur l'ambition nobiliaire, méprisable en soi, en élevant son point de vue jusqu'à la relativité qui aplanit si bien le relief des choses. «J'en faillis sourire», dit-elle en apprenant que Michel-Joseph s'est fait restituer le titre de chevalier abandonné par son grand-père. Elle concède qu'il n'est pas plus absurde «pour le citoyen d'un petit état ayant encore une cour et une noblesse vivante et active» de se réjouir d'un tel titre «que pour un Français de sabler sa Légion d'honneur» (1133).

Quant à elle, elle a choisi une autre voie, déjà indiquée par l'absorption du nom paternel dans le nom de plume qu'elle s'est donné. Elle assume la tâche de recueillir et de relier les traces des ancêtres, non sous la forme des bahuts et des portraits «d'emperruqués» qui ornent la maison de son frère (1136), mais symboliquement, par l'écriture.

Entre l'indifférence du père et la manie du frère, il reste beaucoup de marge. Yourcenar admet le plaisir d'imagination qui consiste à «sentir passer à travers soi l'axe de l'histoire» (*AN*, 1143). Sa position se caractérise par le balancement entre vertige et discipline qui lui est familier. La discipline, il faudra y revenir, est dictée par cette simple constatation que les faits s'enchaînent, et que cet enchaînement appelle une investigation méthodique. Mais très vite l'abondance et la complexité de la matière «fluide et inconsistante de l'histoire des familles» (*SP*, 947) font tourner la tête, comme elle le marque dès le deuxième paragraphe de *Souvenirs pieux*, après avoir donné sa date et lieu de naissance, et comme elle le redit en bien d'autres endroits.

> Ayant ainsi consigné ces quelques faits qui ne signifient rien par eux-mêmes, et qui, cependant, et pour chacun de nous, mènent plus loin que notre propre histoire et que l'histoire tout court, je m'arrête, prise de vertige devant l'inextricable enchevêtrement d'incidents et de circonstances qui plus ou moins nous déterminent tous. 707

La métaphore se prolonge au début d'*Archives du Nord* lorsqu'elle évoque ainsi le livre précédent, ajoutant l'image qui complète la dialectique imaginaire, celle de la corde raide :

> Une ou deux fois, par un effort d'imagination, et renonçant du coup à me soutenir dans le passé grâce à cette corde raide qu'est l'histoire d'une famille, j'ai tenté de me hausser jusqu'aux temps romains, ou préromains. 953

L'histoire de la famille n'est plus seulement lignée, mais une *corde raide*, image de la stricte succession linéaire des générations. Elle est aussi associée à l'extrême discipline de l'équilibriste. La corde raide soutient haut dans l'espace et impose une direction, même s'il est aussi tentant de regarder ailleurs, ou bien avant ou après, vers ce qui donne le vertige. Cette attirance est assez évidente dans la composition même de *Souvenirs pieux*, dont l'allure sinueuse ne dépend pas seulement de la difficulté qu'il y a certainement à «revenir à Fernande». La narratrice ne résiste pas au plaisir de s'envoler littéralement dans des évocations de branches collatérales. Par exemple, quand elle arrive au XVIIIe siècle dans la chronique de la famille de Cartier, elle s'attarde avec délectation sur le château de Flémalle, sur la Meuse voisine dont on a retiré le diplôme gravé d'un légionnaire romain originaire du pays, sur la vie quotidienne et la probable bibliothèque du sieur des lieux, enfin sur la dégradation du paysage à l'époque moderne. On apprend alors que son ancêtre direct, Jean-Louis de Cartier, appartenant à la branche cadette, n'a en fait jamais vécu à Flémalle. Cette longue digression était pour le plaisir. Et comme si elle entendait l'objection possible, Yourcenar écrit au milieu du passage, après une digression dans la digression sur le légionnaire mosellan de l'armée de Trajan, «[j]e digresse moins qu'on ne pourrait le croire». Si elle digresse moins qu'il ne paraît, c'est qu'elle se voit répétant l'attitude de ces lointains grands-oncles qui, en trouvant sur leurs terres quelques vestiges gallo-romains, «ont cité des vers latins appris au collège . . . en exhalant ça et là un lieu commun sur le passage du temps . . . C'est ce qu'à mon tour je fais ici» (758). Ironie auto-dépréciative, humilité certes, mais aussi réaffirmation de son thème fondamental, qui est le fil d'Ariane de ce labyrinthe. Si l'imagination associative de Yourcenar s'abandonne au plaisir de survoler les époques, de les superposer, d'évoquer les demeures et les villages, c'est qu'une méditation sur l'esprit des lieux donne aux lieux communs sur le temps quelque chose d'universel.

La généalogie apporte à la problématique du temps une dimension complémentaire, celle de la suite des générations dans laquelle l'individu trouve sa place — comme descendant et continuateur potentiel — et peut-être son identité. A la manière dont la pratique Yourcenar, elle n'est pas faite pour apporter des réponses simples et apaisantes à l'interrogation sur l'unité du moi en général et sa nature individuelle en particulier, mais elle enrichit la surface du temps.

Lignées imaginaires

Selon Marthe Robert, le besoin de raconter des histoires a ses racines dans la manière dont l'enfant fabule à partir des relations affectives plus ou moins conflictuelles, et j'ajouterai plus ou moins entachées de secrets, qui constituent la famille.[1] L'inquiétude des origines s'est manifestée d'abord chez Yourcenar, nous l'avons vu, par le projet d'unir l'exploration méthodique de sa propre généalogie et la création romanesque. Cette juvénile et folle tentative de fusion qui devait s'appeler *Remous*, condamnée

---

1. *Roman des origines et origine du roman* , Grasset, p. 171. Il n'est pas nécessaire d'accepter toute l'argumentation freudienne du livre sur la position œdipienne du romancier pour admirer la fécondité des analyses qui lient la naissance de l'imaginaire romanesque à la symbolique de la vie familiale.

par un euphémistique «irréalisable», a cependant eu des suites autres que les chroniques familiales écrites un demi-siècle plus tard. Entre temps, Yourcenar aura travaillé à de nombreuses généalogies fictives, assurant une sorte de cheminement labyrinthique aux *restes* d'un projet abandonné.

Les personnages des romans de Yourcenar ont en général un patronyme, sauf Zénon le bâtard. Elle leur donne une ascendance, et la plupart du temps un drame familial qui en fait des individus porteurs d'une fatalité, en même temps que de fortes figures romanesques. D'*Alexis* à *L'Œuvre au noir* elle met en scène différentes formules du conflit traditionnel qui se joue chez l'héritier ou l'héritière, surtout chez les *fils de famille*, entre les contraintes de la filiation et le désir d'autodétermination. L'aristocrate fin de race, pris entre l'appartenance à une lignée et l'histoire qui passe, et dépasse les grandes familles ruinées, connaît plusieurs incarnations, telles que l'Alexis de son premier récit, Eric von Lhomond du *Coup de grâce*, et Don Ruggero di Credo de *Denier du rêve*. Leurs traits héréditaires ne sont pas donnés seulement comme effet de réel, ou pour expliquer leur caractère. C'est le fait même d'être un fils de famille qui gouverne la dramatisation de chacune de ces existences.

C'est dans *Alexis ou le traité du vain combat* que le schème temporel de la généalogie est le plus développé. Dans l'évocation de l'atmosphère de Woroïno par Alexis, on sent peser toute la lignée des Géra et la manière dont leurs échecs et leurs goûts ont «déterminé» le jeune homme à travers une enfance pleine des «fantômes» qu'il «pourrait y avoir» dans ces salons trop grands (*OR,* 15). Enfant d'une vieille «maison», au double sens de lignée et de demeure, tout en lui est affaibli, de sa santé physique jusqu'à son «besoin maladif de perfection morale» (24). Les fantômes ne désignent certainement pas les apparitions chères au folklore populaire, mais ce qui est dit quelques lignes auparavant dans une brève revue des ancêtres, à savoir les énormes lacunes de savoir qui font d'une ascendance un nœud de mystères. «On passait encore deux générations sous silence», écrit Alexis après la brève mention de l'aïeul qui aimait la musique, celui dont «il semblait qu'on préférât [ne] rien dire». Il se trouve que c'est l'aïeul avec lequel il a en commun le goût de la musique. Alexis conclut le paragraphe en évoquant son père : «Je me rappelle qu'il était sévère, . . . comme sont parfois sévères les gens qui se reprochent de n'avoir pas su l'être envers eux-mêmes. Bien entendu, ce n'est là qu'une supposition, et je ne sais rien de mon père"(24). L'absence de connaissance ne vient pas seulement du passage du temps et de l'oubli, elle est surdéterminée au fil des générations par un silence volontaire où sans doute finit par se perdre le contenu du secret de l'aïeul. Mais la connaissance qu'il y avait *du* secret se transmet, ainsi que le sentiment que le silence est lié à une réprobation, voire à une honte.

Alexis lui-même pense à la possibilité d'une faiblesse morale derrière la sévérité de son père. Le silence de Woroïno a quelque chose «d'une matière congelée, de plus en plus dure et massive» (16), qu'il devient impossible de briser ou de faire sortir de la maison. La jeunesse d'Alexis, au contraire de ce qu'il suppose de celle de Monique, n'a pas été un poème. Sa méfiance à l'égard des mots, plus qu'un trait de caractère ou un choix esthétique, est un héritage venant d'une lignée d'ancêtres qui ont fait silence sur les choses qui les touchaient de près. Ils lui ont aussi donné son nom, dont j'ai déjà signalé l'étymologie négative.

Alexis le bien-nommé, qui avoue n'avoir jamais aimé les livres (23) et ne pas aimer écrire, ne cesse de différer l'aveu de son propre secret en racontant son enfance baignée dans le silence. «Je cherche à gagner du temps, c'est naturel» (18). Il semble pourtant qu'il ait déjà révélé quelque chose d'essentiel, plus important que le secret de son homosexualité, et qui est la clef de sa vocation musicale. Dans *Alexis*, le drame de la création musicale tient finalement très peu de place. La musique est la métaphore d'un langage du non-dicible. Le jeune homme a ressenti sa vocation comme un devoir familial, une obligation de répondre par une œuvre à la charge expressive du silence ancestral.

> Il fallait quelqu'un pour exprimer ce silence, lui faire rendre tout ce qu'il contenait de tristesse, pour ainsi dire le faire chanter. Il fallait qu'il ne se servît pas des mots. . . . Il fallait une musique d'une espèce particulière, lente, pleine de longues réticences et cependant véridique, adhérant au silence et finissant par s'y laisser glisser. Cette musique, ç'a été la mienne. Vous voyez bien que je ne suis qu'un exécutant, je me borne à traduire. Mais on ne traduit que son trouble : c'est toujours de soi-même qu'on parle. (16)

Réticences et vérité définissent à la fois l'art d'Alexis, la confession tronquée qu'il a tenté de faire à sa mère, et la confession qu'il est en train de faire à sa femme. La musique est aussi la métaphore de la réconciliation avec soi-même, comme le dit le passage suivant où on voit bien qu'elle est un état spirituel plutôt que musique au sens technique du mot. «C'était une musique paisible, paisible parce qu'elle était puissante. Elle emplissait l'infirmerie. . . . Je n'étais plus un jeune garçon maladif effrayé par soi-même : je me croyais devenu ce que j'étais vraiment» (28).

Il semble que l'aveu soit complet une fois que le jeune homme a confessé son homosexualité à Monique. Mais il y manque encore les deux moments qui clôturent le drame de la libération d'Alexis. Le premier est celui où, méditant près du berceau de son fils, il exprime toute la force de l'idée de lignée : responsabilité à l'égard d'une vie nouvelle («. . . qui courait quelque risque de n'être pas heureuse, puisqu'il était mon fils, et ma seule excuse était de lui avoir donné une admirable mère»), sentiment d'être un maillon qui «s'ajoute» à une chaîne de transmissions mystérieuses («Je me disais qu'il était un Géra. . . . Il descendait, comme moi, d'ancêtres de Pologne, de Podolie et de Bohème; il aurait leurs passions, leurs découragements subits, . . . toutes leurs fatalités, auxquelles s'ajoutent les miennes»[71]), et finalement certitude d'une mortalité ambiguë, à laquelle il peut se permettre d'être indifférent, puisqu'elle se révèle au moment même où s'affirme la survie de la lignée.

> Par lui [l'enfant], cette vieille race se prolongerait dans l'avenir; il importait peu, maintenant, que mon existence continuât : je n'intéressais plus les morts, et je pouvais disparaître à mon tour, mourir, ou bien recommencer à vivre. 71-72

C'est un passage unique dans l'œuvre romanesque de Yourcenar, par la double dimension ascendante et descendante de la rêverie généalogique chez un de ses très rares personnages procréateurs. *Recommencer à vivre* . . . Comme si la naissance de l'enfant avait libéré Alexis du poids de la tristesse ancestrale en assurant la transmission de cette même tristesse, il peut naître à son tour, de lui-même. C'est alors qu'il redécouvre la musique, se remet au piano, et assume par la magie de ses mains la gloire d'avoir un corps. «Mes mains reposaient sur les touches, deux mains nues, sans bague, sans anneau» (74). Ni bague armoriée, ni anneau de mariage. Pour Alexis, la famille est mortifère, mais c'est en assurant la continuation de la lignée qu'il peut s'en libérer, et cela lui permet en retour de réaliser pleinement les dons de l'aïeul dont on «préfère ne rien dire». Il s'accomplit comme descendant et renégat à la fois.

Eric von Lhomond a une destinée plus tragique, peut-être parce que ses ancêtres étaient des guerriers. Il «devait à ses aïeux français, à sa mère balte, à son père prussien, son étroit profil, ses pâles yeux bleus, sa haute taille, l'arrogance de ses rares sourires, et ce claquement de talons que lui interdisait désormais son pied fracturé» (86). Infiniment plus cynique qu'Alexis (il se reconnaît «moins pur de cœur» que ses proches compagnons [143]), Eric vit son destin d'aristocrate guerrier fin de race en devenant un de ces «soldats de fortune au service de toutes les causes à demi perdues ou à demi gagnées». Son histoire se déroule au sein de la désintégration totale de ce qui fut l'Europe héroïque. Drame politique et drame sexuel s'entrelacent, la fraternité de ces chevaliers anachroniques et sans «dame» se mêlant à la défense d'une droite qui deviendra bien vite totalitaire, comme la suite des événements le montrera.

S'il a à confesser un «vice», dit Eric, «c'est bien moins l'amour des garçons que la solitude» (129). Il est cependant tenté à un moment donné de répondre à l'amour de Sophie, la sœur de son cousin bien-aimé, car il reconnaît en elle une parenté d'âme et de caractère. «Il eût été beau de recommencer le monde avec elle dans une solitude de naufragés. Je savais n'avoir jusque-là vécu que sur mes limites» (127). Dépasser ces limites ne sera pas donné à Eric, ou plutôt il ne fera pas le geste qui lui donnerait une chance de les dépasser. Sophie devenue par désespoir son ennemie politique deviendra bientôt sa victime. La misogynie jusqu'au bout imprègne ce récit. Plus nettement que dans *Alexis*, c'est l'amour de la femme qui est un piège pour la liberté masculine, la sexualité féminine étant associée à des images animales (pieuvre, étoile de mer). Ayant tué Sophie, Eric est prisonnier d'un autre héritage que celui de ses pères. «J'ai compris . . . qu'elle n'avait voulu que se venger et me léguer des remords. Elle avait calculé juste : j'en ai quelquefois. On est toujours pris au piège avec ces femmes» (157).

Dans *Denier du rêve*, où des personnages quasi mythiques évoluent au sein de l'atmosphère raréfiée d'une Italie mussolinienne allégorisée, deux femmes se distinguent par l'épaisseur temporelle de leur histoire familiale. Ce sont deux filles de pères peu ordinaires. Sur le projet d'assassinat de Marcella Ardeati plane le souvenir de l'enseignement et de l'échec du militant anarchiste qu'a été son père. Quant à Rosalia di Credo, son histoire contient les éléments d'une parodie de la tragédie d'Antigone, ce que Yourcenar souligne elle-même (197). Rosalia est fille d'un père totalement aveuglé par le sentiment d'appartenir à une lignée, elle-même symbolisée par la maison de Gemara que Yourcenar décrit dans une page superbe. Cette maison est un «rébus de pierre» composé par le Temps, mais aussi par le temps humain «seul responsable pour ces changements incohérents et ces projets sans suite dont se compose ce qu'on appelle de loin la stabilité du passé» (190).

> Cette maison décrépite avait formé à son image le dernier fils de la famille, ce Ruggero di Credo qui n'était qu'un héritier. . . . Penché sur sa paume, un chiromancien n'aurait pas lu son avenir . . . ; et sans doute il n'aurait pas lu son passé, mais le passé d'une vingtaine d'hommes échelonnés derrière lui dans la mort. La vie personnelle de don Ruggero avait été aussi nulle que possible. . . . Sa mise à la retraite l'avait ramené hors du siècle, c'est-à-dire à Gemara. 191

Don Ruggero est le cas extrême de l'*héritier* qui n'est que cela, de l'individu subsumé dans la lignée et qui y trouve une illusion d'éternité. «Il parlait généalogie avec autorité» (194). Le temps s'arrête avec lui et il ne transmet plus rien que la ruine, possédé d'une folie symboliquement cohérente : au lieu de faire valoir la terre, il la creuse pour trouver les trésors de ses ancêtres, et ne découvre que quelques tessons de poterie ou des monnaies rongées qu'il trouve sublimes. Rosalia, qui a l'âme d'une héroïne de tragédie (197), vouée totalement à la famille, est elle-même hantée, *habitée* par le souvenir de la maison. Elle ne peut que mourir le jour où elle apprend que le domaine est définitivement perdu. Du père à la fille, c'est la même folie, mais le texte incrimine clairement l'égoïsme du père et son refus de participer à la vie de ceux qui l'entourent. Par contre le roman grandit l'abnégation mortelle de la fille qui est pure victime d'un «amour qui ne sait pas son nom» (197).

Le cas de Zénon de *L'Œuvre au noir* est diamétralement opposé. Zénon le bâtard n'a même pas à se défaire d'une famille. Il est fils des livres, de sa culture, de ses expériences, comme le souligne l'exergue emprunté à Pic de La Mirandole : «Je ne t'ai donné ni visage, ni place qui te soit propre, ni aucun don qui te soit particulier, ô Adam, afin que ton visage, ta place et tes dons, tu les veuilles, les conquières et les possèdes par toi-même» (559). Mais Yourcenar lui fabrique une lignée secrète. Dans des notes inédites sur les sources du roman se trouvent plusieurs pages de travail sur la généalogie paternelle de ce personnage que Yourcenar dit «imaginaire, mais nourri d'une bouillie de réalité». Remontant jusqu'au xive siècle dans la branche aînée et la branche cadette des Médicis, elle attribue à Lorenzaccio une grand-tante fictive, Laudamia de Médicis, née en 1460 et morte en 1512, et qui donne naissance en 1483 au père de Zénon. Au sommet de cette branche annexe, elle écrit «lignée féminine imaginaire». Le résultat de cette recherche est que Zénon «aurait Lorenzaccio et Cosme pour cousins issus de germains. Il serait cousin au 5ème degré de Catherine de Médicis».[1] Voilà Zénon bâtard d'un descendant d'une femme de la branche cadette d'une grande famille de l'histoire, doublement bâtard (étant donné la dévalorisation traditionnelle de l'ascendance féminine) bien que lointain cousin d'une reine de France.

Pourquoi établir cette généalogie avec tant de soin, alors que ses détails n'ont aucune fonction dans le roman, alors que Zénon ne connaîtra jamais son père ? Et pourquoi lui faire rejoindre un arbre généalogique historique ? On peut certes imaginer le plaisir pris par l'écrivain à jouer au démiurge remplissant l'espace autour de ses personnages, écrivant cet autre roman pour elle seule. Nous savons aussi que la discipline méthodologique de Yourcenar exige tout ce travail préparatoire afin que chaque détail «spécifique» tombe exactement à sa place, ce qui selon elle donne au roman son vrai cachet historique. Elle a de même évoqué l'origine de la lignée maternelle de Zénon («J'imagine la famille Ligre originaire de Picardie — peut-être arrivée à Bruges d'Arras au xive siècle» [Cn. *ON.* 864]), et établi la chronologie complète des périodes de la vie de Zénon qui ne font pas partie du roman. La généalogie, comme les chronologies annexes, appartient pour ce roman au laboratoire de l'écriture, elle représente quelque chose comme les lignes de soutien tracées par un peintre autour de la figure

---

1. Archives Yourcenar, Houghton Library, Harvard.

centrale sur les premières ébauches de son tableau. Plus que d'une nécessité méthodologique, qui aurait pu se satisfaire à moins de frais, il s'agit d'un véritable désir de plénitude ontologique, qui pousse Yourcenar à fonder la vérité romanesque sur un réel historique qu'elle peut *toucher*, et qui lui rend difficile de tracer une séparation ferme entre l'histoire, sa vie personnelle, et la fiction. «En 1971, j'ai refait dans les rues de Bruges chacune des allées et venues de Zénon» (Cn *ON*, 856).

Père et mère

Revenons à sa généalogie personnelle, à ce point où l'écrivain doit dire le moment de sa propre naissance et ne sait pas par où commencer tant l'enchevêtrement des circonstances est inextricable et tant il faudrait remonter loin dans le temps. Ses méthodes d'historienne vont l'aider à mettre de l'ordre dans le matériel archival. Mais il est une autre clef à ne pas négliger, c'est le désir qui soutient l'entreprise et qui se manifeste par la manière dont Yourcenar accepte ou rejette ses ancêtres. Si la généalogie a pour but de retrouver les antécédents, c'est essentiellement une démarche qui remonte vers eux. Il est donc tentant de les choisir. La généalogie de Yourcenar sera par là élective, et romanesque d'allure.

L'adoption à rebours, ou son contraire, est particulièrement nette dans le cas du couple de ses grands-parents paternels. Michel Charles est ressuscité avec attention et affection, par ses écrits, sa culture, ses voyages, et son amour des fleurs et des bêtes. «Il est décidément mon grand-père» (*AN*, 1044). Noémi, la grand-mère, au contraire n'est jamais mentionnée dans *Souvenirs pieux* sans un de ces adjectifs antéposés qui la fige tout comme un personnage d'Homère. Elle est «l'insupportable Noémi . . . . la redoutable Noémi» (709), «l'intolérable Noémi» (712), «détestable» (728) et «détestée [par Michel] entre toutes les femmes» (709). Dans *Archives du Nord*, pour «démythifier» Noémi, «quitte à voir ensuite le mythe se reformer», Yourcenar se penche «sur cet abîme mesquin» (1057-58) pour en faire un portrait presque balzacien. Mythifier, démythifier, c'est ainsi que s'écrit une généalogie à défaut du *Liber singularis* auquel elle renonce, tout comme Zénon, son frère d'élection, y a renoncé.

Dans la galerie des plus lointains ancêtres, il y a une branche Adriansen qui donne à Yourcenar l'occasion de rêver sur les ancêtres imaginaires qu'elle aurait aimé avoir, à commencer par le Simon Adriansen qu'elle a créé elle-même de toutes pièces dans *L'Œuvre au noir*. Elle donne là un portrait saisissant de ce juste au grand cœur, comme s'il était le modèle des Adriansen réels : «armateur et banquier aux sympathies anabaptistes, cocu sans rancune mourant dans une sorte d'extase de pitié et de pardon sur le fond sombre de Münster tour à tour révolté et reconquis"(992). Parmi les ancêtres adoptés, il y a des femmes. J'en retiens deux. De Constance Adriansen, femme Cleenewerk (Yourcenar a pris soin au passage de noter que ce nom signifie *N'en-fait-guère*), soi-disant Craïencour, il est dit «Son portrait de vieille femme n'est pas morne. . . . Cette ci-devant n'a pas l'air sot» (1004). Deux qualités essentielles sont désignées là, l'amour de la vie et l'intelligence. Une autre est cette Françoise Leroux paysanne, qui n'est même pas du tout de la famille, mais qui répond au besoin de l'auteur de se rattacher à des êtres qui ont fait les gestes simples de la vie quotidienne. «Sa vie a sans doute été plus dure que la mienne; j'ai pourtant idée que c'est couci-couça. Elle est comme nous tous dans l'inextricable et l'inéluctable» (1051). A ce bout de la généalogie où elle se tient, c'est elle, Marguerite, qui est trace du passage des ancêtres, elle qui les fait émerger du flux de l'inextricable où ils se perdent.

Yourcenar prononce une fois le mot d'adoption. C'est bien sûr au sujet de celle qui est «l'image inoubliable» (*AN*, 1162). Elle regarde une de ces vieilles photos roussies d'elle-même à deux ans sur la plage de Scheveningue et imagine que la femme non identifiée qui la tient par la main est Jeanne, par qui elle désire avoir été adoptée. C'est une double adoption imaginaire.

> C'est peut-être parce que je veux que cette promenade ait été une sorte d'enlèvement loin du petit monde domestique connu, une espèce d'adoption, que j'ai préféré imaginer ce beau visage penché sur moi . . . cette étreinte de doigts intelligents et légers. *QE*, 1273

Son père et sa mère semblent d'abord n'avoir pas de privilège particulier, en tant qu'ascendants, et devoir se perdre comme les autres dans le flux. Les mêmes difficultés d'ordre épistémologique surgissent, en principe, dans l'étude des parents proches et des ancêtres plus lointains que dans celle des personnages historiques, difficultés dues aux lacunes, aux bévues commises dans la transcription des documents les plus officiels, ou au trop grand respect de la bienséance de la part des chroniqueurs. La narratrice a pris une fois pour toutes le point de vue de l'extériorité. Elle ne nomme son père et sa mère que par leur prénom, ou comme Mme de C*** et M. de C***, rarement «mes parents». Pour l'un ou l'autre, elle est «sa fille», comme Fernande est «la mère de Marguerite». L'affectivité ne revient que par détours.

Mais on s'aperçoit que la disparité des sources d'information sur les parents récupère la différence sexuelle que l'écriture de l'histoire tend à gommer, et la réinscrit dramatiquement dans les chroniques familiales. La différence des titres des deux premiers volumes en est le premier signe. C'est l'ouvrage concernant sa lignée paternelle que Yourcenar appelle *archives*, ce mot qui évoque par sa connotation l'autorité de l'institution chargée de conserver les documents. Le volume maternel s'intitule *Souvenirs pieux*, titre qui appelle des éclaircissements. La mère de Marguerite, disparue à sa naissance, ne lui a laissé aucun souvenir direct. On comprend après une cinquantaine de pages l'ambivalence sémantique du mot *souvenir* utilisé dans le titre, puisqu'il désigne un objet — une image pieuse portant au verso quelques «oraisons jaculatoires» en mémoire d'un défunt ou d'une défunte — en même temps qu'une trace mentale. C'est l'indication nette que la narratrice veut suivre et nous faire suivre la piste des objets plutôt que celle de la psychologie. *Souvenir pieux* : un titre qui est à demi une fausse piste, une expression toute faite, comme celle de «pieux mensonge» (826), et le cliché «pieux déchets» (748), répétitions qui tendent à dévaloriser l'adjectif «pieux».

Les connotations religieuses sont pourtant bien du côté de la mère, qui était pieuse. Peu après le récit de l'accouchement et de la mort de Fernande, dû à la mémoire de Michel et étayé de quelques autres témoignages et documents, suivant immédiatement un «c'est dommage» prononcé par un vieil antiquaire — réflexion dont on ne sait si elle s'applique à la mort de la mère ou à la vie de l'enfant — vient l'épisode que Yourcenar appelle, «faute de mieux», *l'occultation des reliques* (745). Il s'agit du moment où Michel enferme dans une cassette les menus objets personnels de la défunte (lettres, souvenirs scolaires, petits cadeaux, photographies d'elle, certains bijoux, des torsades de cheveux) qu'il ne pouvait ni donner ni jeter. L'expression évoque irrésistiblement le contraire de *l'invention des reliques*, qu'on trouve dans l'histoire religieuse catholique pour désigner la découverte et l'authentification des restes d'un saint, censés être doués de pouvoirs particuliers. Fernande croyait aux reliques. Elle s'en était fait apporter sur son lit de mort et elle avait un reliquaire dans sa chambre, objet qui se retrouvera d'ailleurs dans la cassette, à sa place parmi les «reliques» de la défunte. Est-ce un transfert de piété que d'appeler de ce mot les objets laissés par la mère, et que pourtant dans le même passage Yourcenar nomme «débris», «résidus», «épaves», ou encore «pieux déchets" ? Ou est-ce pour souligner que pas plus que les reliques de la chapelle des Carmes n'ont préservé la vie de Fernande, ces «brimborions [qui] ont été chers à quelqu'un» (748) ne donneront vie au souvenir de Fernande ? Le joli mot de «brimborion», qui à l'origine voulait dire petite prière murmurée, donne un peu de douceur et d'incertitude à la fin de ce passage.

L'inventaire qu'en fait Marguerite au moment où elle ouvre la cassette, un quart de siècle plus tard, aboutit à quelque chose comme une profanation. C'est «vers 1929», dit-elle, sans doute après la mort de son père. Elle jette la plupart du contenu de la cassette, elle brûle le début de roman de sa mère, elle envoie même l'alliance de Fernande à la fonte, et ne garde que quelques objets *utilisables*. Un de ces rares objets qui trouvent grâce à ses yeux est le Missel contenant un «calendrier perpétuel», objet non seulement utile, mais inducteur de rêverie, support de l'imagination temporelle plus que de la mémoire. Par lui l'objet pieux de la mère, son livre de messe, a trouvé une fonction dans la vie de sa fille. La manière dont Marguerite dispose de ces reliques est impitoyablement conforme à la philosophie du détachement apprise au contact de son père.

> Un incident, une lecture, une figure vue dans la rue ou sur la route faisaient jaillir par fragments [ses souvenirs], un peu comme des tessons antiques qu'il eût maniés un instant pour ensuite les repousser du pied dans la terre. J'ai pris à l'entendre de belles leçons de détachement. Ces bribes du passé ne l'intéressaient qu'en tant que résidus d'une expérience qui n'était plus à refaire. *AN,* 1086

Elle conclut cependant que «la cassette scellée par Michel a rempli son office, qui était de [la] faire rêver sur tout cela», (748). Mais qu'est-ce que «tout cela» ? Sa rêverie a porté davantage sur les objets et sur le temps que sur Fernande. Il lui faudra encore «revenir à Fernande», ayant reconnu que son présent effort pour ressaisir et raconter son histoire lui a inspiré à son égard «une sympathie nouvelle» (745). Il lui a fallu reconstruire de toutes pièces cette figure lointaine et irréelle, qui ne lui a laissé aucun souvenir de contact.

Il semble bien que Yourcenar se soit défendue, pendant toute sa vie de recherches et de reconstitution du passé, de retomber dans l'erreur juvénile d'attendre une révélation mystique par la grâce des objets. Ce passage est frappant parce qu'elle y manifeste un rejet particulièrement vif à l'égard des objets de la cassette, sauf toutefois pour les photographies qui ne sont pas mentionnées dans cette *dispersion des reliques*. (Quelques-unes sont reproduites d'ailleurs dans certaines éditions du livre). La fidélité à la leçon paternelle de détachement l'emporte alors. L'accumulation du vocabulaire de destruction, particulièrement dense à certains moments du livre sur la lignée maternelle, semble faire partie à la fois d'un système de défense et du deuil dont j'ai parlé plus haut. «La vie passée est une feuille sèche, craque-lée, sans sève ni chlorophylle, criblée de trous, éraillée de déchirures. . .» (790). Pourtant, tous ces brimborions, ces petites prières, nous rapprochent comme en dépit de nous-mêmes des êtres disparus. La cassette a rempli un certain office car toucher les reliques n'est jamais tout à fait vain. Rappelons-nous la valeur qu'elle accordait à «l'imposition des mains».

Les reliques de Fernande auront servi aussi, mieux que tout autre objet vestige, à illustrer que «la trace n'est pas un signe comme un autre.» Sa signifiance, écrit Emmanuel Levinas, consiste à «signifier sans faire apparaître».[1] Il y a bien chez Yourcenar certains objets qui produisent un choc tel qu'ils semblent casser la spatialité du temps et nous projeter d'un coup dans le passé. Il en fut sans doute ainsi pour elle de sa première rencontre avec les ruines de la Villa Hadriana. Certaines photos ont dû aussi produire cet effet. Mais il n'existe pas de véritable relique. Seul l'effort d'écriture engendre la proximité et la sympathie.

On ne remonte donc jamais une trace jusqu'à la présence de sa source. Ainsi s'éclaire cette remarque de Yourcenar selon laquelle ce n'est pas le passé qui nous hante, c'est nous qui le hantons, le fréquentons. C'est nous qui nous livrons à une traque interminable de la présence, poursuite toujours vouée a l'échec, même s'il y a de fugitives rencontres.

Yourcenar est cette héritière sans mère, à qui le père a enseigné l'errance et le détachement, et qui se demande «comment puis-je parler de mes géniteurs à partir de ce qu'ils m'ont légué ?» Sa discipline est de s'en tenir au principe de stricte équivalence méthodologique pour tout ce qui est reconstitution historique. Mais nous voyons que cette détermination ne peut que faillir. Le *Labyrinthe* révèle cette énorme différence dans la réaction de Marguerite à l'égard de la tentative d'écriture romanesque de chacun de ses deux parents. Elle a brûlé l'esquisse de roman écrit par sa mère, condamné sommairement, comme si elle avait un peu honte de sa faiblesse littéraire et sans un commentaire pour ce que peut révéler le choix du sujet par Fernande : «la jalousie d'une seconde femme pour la première épouse, dont le fantôme la hantait» (746). Par contre elle accepte de récrire la nouvelle de son père, «Le Premier soir», qui se trouvait raconter l'histoire du prélude à la nuit de noces d'un personnage ressemblant étrangement à Michel. Elle n'hésite pas, à partir de ce texte, à rêver sur le couple de ses parents. Elle a d'ailleurs souvent essayé de sentir ce qui faisait l'entente et la mésentente de ces deux êtres, bons partenaires de bibliothèque, mais mauvais partenaires de table, et sans doute pas très bons partenaires sexuels. Le récit de la soirée où son père lui propose de reprendre le manuscrit inachevé doit être mis en parallèle avec la scène de la dispersion des reliques. Une fois de plus, la notion de style sert de critère sélectif, investie de pouvoirs qui vont bien au-delà du domaine esthétique. La banalité du style l'empêche d'approcher Fernande à travers son roman, alors qu'elle accepte le récit paternel pour sa qualité littéraire.

> Je fus séduite par la justesse de ton de ce récit sans fausse littérature. . . . Le jeu me tenta. Pas plus que Michel ne s'étonnait de me voir écrire les confidences d'Alexis, il ne trouvait rien d'incongru à mettre sous ma plume cette histoire d'un voyage de

1. *Humanisme de l'autre homme*, Montpellier : Fata Morgana, 1972, p.60.

noces 1900. Aux yeux de cet homme qui répétait sans cesse que rien d'humain ne devait nous être étranger, l'âge et le sexe n'étaient en matière de création littéraire que des créations secondaires. Des problèmes qui plus tard allaient laisser mes critiques perplexes ne se posaient pas pour lui. *SP*, 932

«L'œuvrette parut». Scène primitive vue par les yeux de son père ? Peut-être. Mais au-delà ou en deçà, c'est aussi, curieusement, une invite à revenir à la mère. La connivence affective, morale et intellectuelle avec son père est telle qu'on pourrait être tenté de conclure que Marguerite s'est identifiée totalement à lui et qu'elle a incorporé le modèle qu'il représente. Il faut corriger cette vue par une autre, celle de la fille entreprenant de rejointoyer les vestiges du passé et d'interroger les morts, au contraire d'un père qui vit essentiellement dans le présent, et qui, lorsqu'il regarde son passé, a l'impression d'avoir vécu plusieurs vies tant la continuité du temps lui échappe. Yourcenar a finalement adopté comme devise celle des Van Eyck, *Als ik kan* qui ressemble beaucoup à la phrase écrite par Michel sur le «souvenir pieux» de Fernande : «Elle a toujours essayé de faire de son mieux» (*SP*, 742). Cette formule ambivalente (condescendante ou touchante ?) laisse Yourcenar perplexe, mais elle finira par la revaloriser en la reprenant en de multiples points de son œuvre. La devise est toujours présente, comme un fil ténu qui la relie à Fernande à travers une phrase écrite par son père. Elle finira par dire «Je fais de mon mieux, alors que souvent je pourrais faire mieux que mon mieux» (*YO*, 262).

Elle s'écarte de son père d'une autre façon encore. Alors qu'elle le peint comme un héros de la rébellion individualiste et hédoniste contre l'étroite morale bourgeoise personnifiée par Noémi, elle le ramène aux dimensions d'un homme de son époque par ses préjugés en matière sexuelle et surtout son incompréhension de «l'élan des sens» chez une femme. Yourcenar y fait allusion plusieurs fois, surtout à propos de sa rupture avec Jeanne, dont il serait peut-être, lointainement responsable (*QE*, 1326). L'écriture permet de mesurer proximité et distance.

Le désir de s'acquitter d'une dette envers les ascendants et celui de reconstruire par le récit une continuité à travers les générations, jusqu'à ce produit d'une convergence de hasards que «j'appelle moi», ont donné naissance à un étonnant parcours de labyrinthe. Comme il a manqué à *L'Iliade* un sourire d'Achille, on peut dire qu'il manque à l'œuvre de Yourcenar un moment de tendresse entre mère et fille, comme elle a su en décrire entre père et fils. Mais il y a en réalité un tel moment, poignant par son irréalité et sa brièveté, c'est celui où elle regarde la photographie de la plage et imagine toute une scène autour de ces silhouettes de femme et d'enfant. «Il semble à la petite que la longue jupe et la longue écharpe blanche palpitent au vent comme des ailes» (*QE*, 1273). *Le Labyrinthe* est finalement le tombeau de plusieurs femmes, Berthe, la première épouse, dont la mort a permis l'existence de Marguerite, Fernande la mère inconnue, et Jeanne l'image inoubliable, celle à laquelle Yourcenar a dédié ce vers des *Charités d'Alcippe* : «Et vous vivez encore puisque je vous survis».

Conclusion

J'ai choisi de lire l'œuvre de Marguerite Yourcenar à partir de l'inquiétude du temps qui me semble être le foyer central d'où se relance toujours l'écriture. J'ai voulu aussi donner une place importante à des textes autres que les œuvres majeures — premiers articles et préfaces accompagnant la réécriture des romans ou des pièces de théâtre — et souligner non seulement leur contenu, mais leur signification de gestes d'écriture dans le temps. Plus que tout autre écrivain, Yourcenar fait de son œuvre une construction temporelle délibérément complexe marquée au signe de la finitude du temps humain. Se relire et récrire, c'est toujours être à la fois soi-même et un autre. L'écrivain du temps est *dans* le temps, temps limité de sa vie, temps pesant de son époque historique, temps insaisissable et pourtant irréfutable du passé.

Les rubriques qui font les titres des chapitres sont suggérées par les préoccupations yourcenariennes les plus évidentes et non par l'exploration de la problématique du temps. Mais comme je l'ai souligné dès l'introduction, il se trouve que ces préoccupations, qui appartiennent au domaine de la création littéraire, correspondent très exactement aux difficultés d'ordre philosophique que soulèvent la pensée et l'expression du temps. Les contradictions du temps ne sont pas évoquées par Yourcenar en vue de leur possible résolution, puisqu'au contraire toute son œuvre s'emploie à les aviver et à les faire miroiter «à la surface du temps». Le temps reste impensable, inscrutable, impossible à unifier et à totaliser, et en même temps inéluctable. Ses apories nourrissent l'imaginaire. La moindre formule temporelle nous fait aborder à une métaphorisation vertigineuse et contradictoire. C'est ainsi que Yourcenar mêle l'image du temps *dans* lequel nous sommes à celle d'une vaste surface océanique porteuse de la diversité de toutes nos durées vécues, ainsi que de ces dimensions relatives que sont le passé, le présent, et l'avenir. Relatives, puisque l'intensité du vécu valorise le présent jusqu'à lui faire rejoindre l'éternité, alors que l'effort de pensée le relativise au point de le dissoudre. Des premiers récits écrits par Yourcenar jusqu'à ses chroniques familiales en passant par les romans et les pièces se constitue une poétique du temps qui fait leur place à la permanence des mythes, aux difficiles questions de la connaissance historique, au désenchantement de l'histoire, et à l'inconnu fascinant de la transmission généalogique. Chaque exploration poétique d'une facette du temps fait naître l'anticipation de quelque chose comme un autre du temps.

Entre le temps mythique et le temps historique, comment parler du temps ordinaire, du temps vécu au quotidien par les êtres qui ne sont ni totalement mythiques, ni véritablement historiques ? C'est le côté inéluctable de la durée qui permet au narrateur de «Phédon ou le vertige» de lancer cette rebuffade aux philosophes : «Le temps ne vous coûte rien, à vous les philosophes : il existe pourtant, puisqu'il nous sucre comme des fruits et nous dessèche comme des herbes» (*Feux, OR*, 1135). Temps de la maturation et de l'épanouissement, temps de l'usure et du vieillissement sont également à subir. Cependant, à défaut de «mourir pour échapper au temps» (1134), vivre consiste en ripostes créatrices. Celles qui sont esquissées dans *Feux,* de l'ordre du défi héroïque, mystique, passionnel, esthétique, sont formulées avec le parti-pris de stylisation dont Yourcenar ne se départira pas, donnant à la question du style une étendue inusitée du fait de la lier au temps.

Le style, médiation nécessaire de toute expression, n'est pas un outil indifférent. Il relie au passé parce qu'il a toujours des modèles, en même temps qu'il est marque de la maîtrise. Il réalise une forme d'équilibre — toujours fragile — entre la tension vers l'origine et la nécessité de l'artifice. C'est tantôt l'archaïque du mythe, tantôt le contact avec l'élémentaire, ou encore la *materia prima* de la rêverie alchimiste qui nomment ce pôle de la réalité «nue» dont l'approche garantit l'authenticité de l'écriture. D'autre part, tout écrit «porte son millésime», c'est-à-dire se trouve pris dans une histoire de la société et de la littérature. Le paradoxe du style est qu'il soit à la fois daté,situé, et «universel», c'est-à-dire ce qui devrait nous permettre de reconnaître une communauté de condition et de passions dans des œuvres aussi éloignées que le Nô japonais et la tragédie classique occidentale.

On a dit Yourcenar tantôt contemporaine de Nicolas Poussin et de Racine, tantôt «fille de Flaubert».[1] La nostalgie de classicisme qui habite son œuvre est manifeste en particulier dans le propos de certaines préfaces qui cherchent à placer le sens complet et fermé d'un texte sous l'autorité de l'auteur et de son récit de la genèse de l'œuvre. Mais c'est peut-être la notion même de genèse qui ouvre une brèche dans cette assurance. Elle menace l'intégrité du sujet de l'écriture en réintroduisant le devenir et en montrant l'impossibilité d'atteindre une origine véritable. Alors éclate le caractère problématique de ces pseudo-métarécits que sont les préfaces,

---

1 Voir respectivement Mavis Gallant, «Limpid Pessimist», *The New York Review of Books*, December 5, 1985, et Michel Tournier, «Gustave et Marguerite», *Sud* 55, 1984, p.70.

dans le flottement qu'elles établissent entre l'autorité rhétorique et celle de la source extérieure.

Car les histoires que Yourcenar raconte lui ont toujours été léguées. Les plus cruelles viennent du fonds mythique, ou de l'histoire contemporaine, comme ce *Coup de grâce* dont l'auteur s'excuse au nom de l'authenticité de l'anecdote. "L'anecdote m'émut," dit-elle dans sa préface, mais c'est pour montrer aussitôt comment les contraintes formelles du récit tragique ont modelé la psychologie et l'enchaînement du roman. Quand Eric et Sophie se retrouvent à la fin, ajoute-t-elle, «il importe peu laquelle de ces deux personnes donne ou reçoit la mort». Une ambiguïté subsiste donc quant au point où s'impose la nécessité tragique. Il semble que pour Yourcenar la tragédie ait sa source au niveau d'un *archaïque* vers lequel elle fait signe chaque fois qu'elle a recours à l'expression «il importe peu», signal d'un tâtonnement vers l'indifférencié. C'est là qu'elle situe cette communauté entre hommes et femmes plus forte que les conflits charnels, familiaux ou politiques, et qui fait d'Electre et d'Oreste, de Sophie et d'Eric des comparses interchangeables. Tout se passe comme si les impératifs de congruence esthétique jouaient ici un rôle de nivellement des différences, qu'elles soient politiques ou sexuelles.

Mais si Eric et Sophie peuvent échanger leurs places de narrateur et de victime, l'importance de la source historique en est considérablement réduite. D'un côté, la toute-puissance de la forme par rapport au contenu de l'anecdote devrait permettre à n'importe lequel des deux sexes d'assumer le récit, et de l'autre, l'existence de l'Histoire comme source ultime annule cette possibilité. Une telle contradiction n'indique pas seulement la tension, présente dans tout récit historique, entre fiction et histoire, elle touche aussi à la question de l'irruption de la voix de l'autre dans le récit. Conformément à la vérité de l'histoire, Yourcenar ne confie jamais ses principaux récits à des voix féminines parce que, traditionnellement, la vie des femmes est trop limitée et trop secrète. Si, pour une femme, écrire implique qu'elle dénonce cette marginalité historique et la restitue au centre de sa fiction, alors Yourcenar est en dehors de cette écriture. Mais il y a d'autres moyens de reconnaître une marque d'identité sexuelle dans son œuvre. La question complexe de sa propre voix, telle qu'elle est posée dans ses préfaces et ses fragments autobiographiques, invite à poursuivre un jeu d'inversions qui révèle une subjectivité traversée par l'altérité. Les voix masculines qu'elle fait entendre par l'intermédiaire de la sienne sont elles aussi traversées par l'altérité. Ses héros masculins ne renient jamais leur part de féminité. Leurs conquêtes sont fragiles, et leur quête de la lucidité fait écho à celle de l'auteur.

Yourcenar nous donne donc une écriture du temps plus que de la mémoire. Sa poétique du temps est conforme au parti-pris de distanciation du moi qui lui fait renoncer au *récit* autobiographique comme d'ailleurs aux explications psychologiques. Car les traces subjectives sont tout aussi abîmées par le temps que les ruines les plus désolées. Parmi les traces du passé, elle privilégie toujours celles des objets qui lancent la méditation ou la rêverie vers une famille, une société, une époque et même tout l'univers, au détriment des souvenirs personnels. Ceux-ci sont laissés dans l'ombre et ne remontent à la lumière que vers la fin de l'œuvre, comme «les objets d'une chambre aux volets clos dans laquelle on ne s'est pas aventuré depuis longtemps» (*QE*, 1327). Yourcenar en a fait cependant un usage plus mystique que poétique, dans ses entretiens de 1980, lorsqu'elle a évoqué leur puissance de viatique à l'heure de la mort. Ces souvenirs qui la prendront alors peut-être en charge, comme des anges, ne constituent pas une histoire. Ce sont simplement «les jacinthes du Mont-Noir ou les violettes du Connecticut au printemps» ou encore «les oranges astucieusement suspendues aux branches par mon père, dans un jardin du Midi», c'est-à-dire des instants magnifiés par l'attention présente et par la certitude que le passé *a eu lieu*. C'est l'affirmation rassurante d'une modeste maîtrise du temps par l'attention : «Une surface agitée ne réfléchit pas» (*EM*, 399).

Bibliographie

Œuvres de M.Yourcenar

Le Jardin des Chimères. Librairie Perrin, 1921 (épuisé).

Les Dieux ne sont pas morts. Editions Sansot, 1922 (épuisé).

Alexis ou le traité du vain combat. Au Sans Pareil, 1929. (Avec préface définitive : Plon, 1965). *

La Nouvelle Eurydice. Grasset, 1931.*

Pindare. Grasset,1932. **

La Mort conduit l'attelage. Grasset, 1934(épuisé).

Denier du rêve. Grasset, 1934. (Edition remaniée avec préface définitive : Plon, 1959). *

Feux. Grasset, 1936. (Préface définitive : 1968). *

Les Songes et les sorts. Grasset, 1938. **

Nouvelles orientales. Gallimard, 1938. (Edition révisée : 1963). *

Le Coup de grâce. Gallimard, 1939. (Préface définitive : 1966). *

Mémoires d'Hadrien. Plon, 1951. (avec le "Carnet de notes" : 1953). *

Electre ou la chute des masques. Plon, 1954. (Repris dans *Théâtre II,* Gallimard, 1971).

Les Charités d'Alcippe et autres poèmes. Liège, La Flûte enchantée, 1956. (Edition augmentée : Gallimard, 1984).

Sous bénéfice d'inventaire. Gallimard, 1962. (Edition définitive : 1978). **

Le Mystère d'Alceste, Qui n'a pas son Minotaure ? Plon,1963 (*Théâtre II*).

Fleuve profond.sombre rivière, "Negro Spirituals", commentaires et traductions. Gallimard, 1964.

L'Œuvre au noir. Gallimard, 1968. *

Théâtre I : Rendre à César, La Petite Sirène, Dialogue dans le marécage. Gallimard, 1971.

Théâtre II : Electre ou la chute des masques, Le Mystère d'Alceste, Qui n'a pas son Minotaure ? . Gallimard, 1971.

Le Labyrinthe du monde I : Souvenirs pieux. Gallimard, 1974. **

Le Labyrinthe du monde II : Archives du Nord. Gallimard, 1977. **

La Couronne et la lyre, présentation critique et traduction d'un choix de poètes grecs. Gallimard, 1979.

Mishima ou la vision du vide. Gallimard, 1981. **

Discours de réception de Mme Marguerite Yourcenar à l'Académie Française et réponse de M. Jean d'Ormesson. Gallimard, 1981.

*Comme l'eau qui coule (Anna, soror..., Un homme obscur, Une belle
matinée).* Gallimard, 1982. *
Le Temps, ce grand sculpteur, essais. Gallimard, 1983. **
Le Labyrinthe du monde III : Quoi ? L'Eternité. Gallimard, 1988. **
En pèlerin et en étranger, essais. Gallimard, 1989. **
Œuvres romanesques. Gallimard, La Pléiade, 1982. (Cette première édition
comprend toutes les œuvres ci-dessus marquées d'un *. La deuxième
édition, de 1991, ajoute *La Nouvelle Eurydice*).
Essais et mémoires. Gallimard, La Pléiade, 1991. (Cette édition contient les
œuvres ci-dessus marquées **, ainsi qu'un recueil d'essais inédits, *Le
Tour de la prison*).

Entretiens

Entretiens radiophoniques avec Marguerite Yourcenar, Patrick de Rosbo.
Mercure de France, 1972.
Les Yeux ouverts. Entretiens avec Matthieu Galey. Le Centurion, 1980.

Sélection de travaux critiques
Livres
ANDERSON (Kajsa). *Le 'don sombre'. Le thème de la mort dans quatre
romans de Marguerite Yourcenar.* Acta Universitatis Upsaliensis,
Stockholm : Almqvist & Wiksell, 1989.
BLOT (Jean). *Marguerite Yourcenar.* Seghers, 1971, 1980.
BOUSSUGES (Madeleine). *Marguerite Yourcenar. Sagesse et mystique.*
Grenoble : Cahiers de l'Alpe, 1987.
FARRELL (C, Frederick, et Edith R.). *Marguerite Yourcenar in
Counterpoint.* Lanham, MD : University Press of America, 1983.
HORN (Pierre). *Marguerite Yourcenar.* Boston : Twayne, 1985.
HOWARD (Joan). *Sacrifice in the Works of Marguerite Yourcenar. From
Violence to Vision.* Carbondale : Southern Illinois University Press,
1992.
JACQUEMIN (Georges). *Marguerite Yourcenar.* Lyon : La Manufacture,
1985.
PAPADOPOULOS (Christiane). *L'Expression du temps dans l'œuvre
romanesque et autobiographique de Marguerite Yourcenar.* Berne :
Lang, 1988.
SAVIGNEAU (Josyane). *Marguerite Yourcenar.* Gallimard biographies,1990.
SHURR (Georgia H.). *Marguerite Yourcenar : A Reader's Guide.* Lanham,
MD : University Press of America, 1987.
SPENCER-NOËL (Geneviève). *Zénon ou le thème de l'alchimie dans
L'Œuvre au noir de Marguerite Yourcenar.* Nizet, 1981.

Actes de colloques

Marguerite Yourcenar. Une écriture de la mémoire, actes du colloque international de Tours, mai 1985. Textes réunis par J.P. Castellani et D. Leuwers. *Sud,* hors série, 1990.

Marguerite Yourcenar. Biographie, autobiographie, actes du IIe colloque international de Valencia, octobre 1986. Textes réunis par Elena Real. Universitat de Valencia, 1988.

Marguerite Yourcenar et l'art. L'art de Marguerite Yourcenar, actes du colloque international de Tours,1988. Textes réunis par J.P. Castellani et Rémy Poignault. Tours : SIEY, 1990.

Le Sacré dans l'œuvre de Marguerite Yourcenar, actes du colloque international de Bruxelles (26-28 mars 1992). Textes réunis par Rémy Poignault. Tours : SIEY, 1993.

N.B. Les actes de deux autres colloques sont à paraître : *Roman, histoire et mythe,* Université d'Anvers, directeur Maurice Delcroix (mai 1990), et *Marguerite Yourcenar et la Méditerranée,* Université de Clermont-Ferrand, directeur Camillo Faverzani (mai 1991).

Numéros spéciaux

Etudes Littéraires, 12, Montréal, 1979.

Le Magazine littéraire, 153, octobre 1979.
                               283, décembre 1990.

Crin 8, 1983. Recherches sur l'œuvre de Marguerite Yourcenar. Textes réunis par Henk Hillenaar.

Voyage et connaissance dans l'œuvre de Marguerite Yourcenar. Mélanges coordonnés par C. Biondi et C. Rosso. Pise : Libreria Goliardica,1988.

Bulletin de la Société Internationale d'Etudes Yourcenariennes (SIEY), 5, novembre 1989. *Mythe et idéologie* (par le groupe d'Anvers).

Roman 20-50, 9, mai 1990.*Marguerite Yourcenar, L'Œuvre au noir,* études réunies par Anne-Yvonne Julien.

Bulletin SIEY, 7, novembre 1990. (consacré au *Théâtre* sans titre spécial).

Bulletin SIEY, 9, novembre 1991. *La Scène mythique.*

Abréviations

OR : *Œuvres romanesques*, Pléiade 1982, comprenant :
    A : *Alexis*
    CG : *Le Coup de grâce*
    DR : *Denier du rêve*
    MH : *Mémoires d'Hadrien*
    Cn *MH* : «Carnet de notes»
    ON : *L'Œuvre au noir*
    Cn *ON* : «Carnet de notes» (édition de 1992)
    NO : *Nouvelles orientales*
EM: : *Essais et mémoires*, Pléiade
    SP : *Souvenirs pieux*
    AN : *Archives du Nord*
    QE : *Quoi ? L'Eternité*
    PE : *En pèlerin et en étranger*
Th. I : *Théâtre I*
Th. II : *Théâtre II*
CL : *La Couronne et la lyre*
Disc. : *Discours de réception à l'Académie Française*

Table des matières